Denkwürdigkeiten aus dem Leben des Marschalls von Vieilleville

Friedrich Schiller

Impressum

Autor: Friedrich Schiller
Umschlagkonzept: toepferschumann, Berlin

Verlag: tredition GmbH, Hamburg
ISBN: 978-3-8424-1351-1
Printed in Germany

Tucholsky Wagner Zola Scott Sydow Freud Schlegel
Turgenev Wallace Fonatne

Twain Walther von der Vogelweide Fouqué Friedrich II. von Preußen
Weber Freiligrath Frey

Fechner Weiße Rose von Fallersleben Kant Ernst Frommel
Fichte Richthofen

Engels Fielding Hölderlin Tacitus Dumas
Fehrs Faber Flaubert Eichendorff

Eliasberg Ebner Eschenbach
Feuerbach Maximilian I. von Habsburg Fock Eliot Zweig
Ewald Vergil

Goethe Elisabeth von Österreich London
Mendelssohn Balzac Shakespeare
Lichtenberg Rathenau Dostojewski Ganghofer
Trackl Stevenson Doyle Gjellerup
Tolstoi Hambruch
Mommsen Lenz Droste-Hülshoff
Thoma Hanrieder
Dach Verne von Arnim Hägele Hauff Humboldt
Reuter
Karrillon Rousseau Hagen Hauptmann Gautier
Garschin Baudelaire
Damaschke Defoe Hebbel
Descartes Hegel Kussmaul Herder
Wolfram von Eschenbach Dickens Schopenhauer
Bronner Darwin Melville Grimm Jerome Rilke George
Campe Horváth Aristoteles Bebel Proust
Bismarck Vigny Barlach Voltaire Federer Herodot
Gengenbach Heine
Storm Casanova Tersteegen Grillparzer Georgy
Chamberlain Lessing Langbein Gilm Gryphius
Brentano Lafontaine
Strachwitz Claudius Schiller Kralik Iffland Sokrates
Katharina II. von Rußland Bellamy Schilling
Gerstäcker Raabe Gibbon Tschechow
Löns Hesse Hoffmann Gogol Wilde Gleim Vulpius
Luther Heym Hofmannsthal Morgenstern
Roth Heyse Klopstock Klee Hölty Goedicke
Luxemburg Puschkin Homer Kleist
La Roche Horaz Mörike Musil
Machiavelli Kierkegaard Kraft Kraus
Navarra Aurel Musset
Nestroy Marie de France Lamprecht Kind Kirchhoff Hugo Moltke
Laotse Ipsen Liebknecht
Nietzsche Nansen Ringelnatz
Marx Lassalle Gorki Klett Leibniz
von Ossietzky May vom Stein Lawrence Irving
Petalozzi Knigge
Platon Pückler Michelangelo Kafka
Sachs Poe Liebermann Kock
Korolenko
de Sade Praetorius Mistral Zetkin

Der Verlag tredition aus Hamburg veröffentlicht in der Reihe **TREDITION CLASSICS** Werke aus mehr als zwei Jahrtausenden. Diese waren zu einem Großteil vergriffen oder nur noch antiquarisch erhältlich.

Symbolfigur für **TREDITION CLASSICS** ist Johannes Gutenberg (1400 — 1468), der Erfinder des Buchdrucks mit Metalllettern und der Druckerpresse.

Mit der Buchreihe **TREDITION CLASSICS** verfolgt tredition das Ziel, tausende Klassiker der Weltliteratur verschiedener Sprachen wieder als gedruckte Bücher aufzulegen – und das weltweit!

Die Buchreihe dient zur Bewahrung der Literatur und Förderung der Kultur. Sie trägt so dazu bei, dass viele tausend Werke nicht in Vergessenheit geraten.

Friedrich Schiller

Denkwürdigkeiten aus dem Leben des Marschalls von Vieilleville.

In den Geschichtbüchern, welche die merkwürdigen Zeiten Franz I., Heinrichs II. und seiner drei Söhne beschreiben, hört man nur selten den Namen des Marschalls von Vieilleville. Dennoch hatte er einen sehr nahen Antheil an den größten Verhandlungen, und ihm gebührt ein ehrenvoller Platz neben den großen Staatsmännern und Kriegsbefehlshabern jener Zeiten. Unter allen gleichzeitigen Geschichtschreibern läßt ihm der einzige Brantome Gerechtigkeit widerfahren, und sein Zeugniß hat um so mehr Gewicht, da Beide nach dem nämlichen Ziele liefen und sich zu verschiedenen Parteien bekannten.

Vieilleville gehörte nicht zu den mächtigen Naturen, die durch die Gewalt ihres Genies oder ihrer Leidenschaft große Hindernisse brechen und durch einzelne hervorragende Unternehmungen, die in das Ganze greifen, die Geschichte zwingen, von ihnen zu reden. Verdienste, wie die seinigen, bestehen eben darin, daß sie das Aufsehen vermeiden, das jene suchen, und sich mehr um den Frieden mit allen bewerben, als die Bewunderung und den Neid zu erwecken suchen. Vieilleville war ein *Hofmann* in der höchsten und würdigen Bedeutung dieses Worts, wo es eine der schwersten und rühmlichsten Rollen auf dieser Welt bezeichnet. Er war dem Throne, ob er gleich die Personen dreimal auf demselben wechseln sah, ohne Wanken mit gleicher Beharrlichkeit ergeben und wußte denselben so innig mit der Person des Fürsten zu vermengen, daß seine pflichtmäßige Ergebenheit gegen den jedesmaligen Thronbesitzer alle Wärme einer persönlichen Neigung zeigte. Das schöne Bild des alten französischen Adels und Ritterthums lebt wieder in ihm auf, und er stellt uns den Stand, zu dem er gehört, so würdig dar, daß er uns augenblicklich mit den Mißbräuchen desselben aussöhnen könnte. Er war edelmüthig, prächtig, uneigennützig bis zum Vergessen seiner selbst, verbindlich gegen alle Menschen, voll Ehrliebe, seinem Worte treu, in seinen Neigungen beständig, für seine Freunde thätig, edel gegen seine Feinde, heldenmäßig tapfer, bis zur Strenge ein Freund der Ordnung, und bei aller Liberalität der Gesinnung furchtbar und unerbittlich gegen die Feinde des Gesetzes. Er verstand in hohem Grade die Kunst, sich mit den entgegengesetzten Charakteren zu vertragen, ohne dabei seinen eigenen Charakter aufzuopfern, dem Ehrsüchtigen zu gefallen, ohne ihm blind zu huldigen, dem Eiteln angenehm zu sein, ohne ihm zu schmeicheln. Nie brauchte er, wie der herz- und willenlose Höfling, seine persönliche Würde wegzuwerfen, um der Freund seines Fürsten zu sein, aber mit starker Seele und rühmlicher Selbstverleugnung konnte er seine Wünsche den Verhältnissen unterwerfen. Dadurch und durch eine nie verleugnete Klugheit gelang es ihm, zu einer Zeit, in der alles Partei war, parteilos zu stehen, ohne seinen Wirkungskreis zu verlieren, und im Zusammenstoß so vieler Interessen der Freund von allen zu bleiben; gelang es ihm, einen dreifachen Thronwechsel ohne Erschütterung seines eigenen Glücks auszuhalten und die Fürstengunst, mit der er angefangen hatte, auch mit ins Grab zu nehmen. Denn es verdient bemerkt zu werden, daß er in dem Augenblicke starb, wo ihn Katharina von Medicis mit ihrem Hofstaat auf seinem Schlosse zu Durestal besuchte, und er auf diese Art ein Leben, das sechzig Jahre dem Dienste des Souveräns gewidmet gewesen war, noch gleichsam in den Armen desselben beschließen durfte.

Aber eben dieser Charakter erklärt uns auch das Stillschweigen über ihn auf eine sehr natürliche Weise. Alle diese Geschichtschreiber hatten Partei genommen, sie waren Enthusiasten entweder für die alte oder für die neue Lehre, und ein lebhaftes Interesse für ihre Anführer leitete ihre Feder. Eine Person, wie der Marschall von Vieilleville, dessen Kopf für den Fanatismus zu kalt war, bot ihnen also nichts dar, was sich lobpreisen oder verächtlich machen ließ. Er bekannte sich zu der Klasse der Gemäßigten, die man unter dem Namen der *Politiker* zu verspotten glaubte; eine Klasse, die von jeher in Zeiten bürgerlicher Gährung das Schicksal gehabt hat, beiden Theilen zu mißfallen, weil sie beide zu vereinigen strebt. Auch hielt er sich bei allen Stürmen der Faktion unwandelbar an den

König angeschlossen, und weder die Partei des Montmorency und der Guisen, noch die der Condé und Coligny konnte sich rühmen, ihn zu besitzen.

Charaktere von dieser Art werden immer in der Geschichte zu kurz kommen, die mehr das berichtet, was durch Kraft geschieht, als was mit Klugheit verhindert wird, und ihr Augenmerk viel zu sehr auf entscheidende Handlungen richten muß, als daß sie die schöne ruhige Folge eines ganzen Lebens umfassen könnte. Desto dankbarer sind sie für den Biographen, der sich immer lieber den Ulysses als den Achilles zu seinem Helden wählen wird.

Erst zweihundert Jahre nach seinem Tode sollte dem Marschall von Vieilleville die volle Gerechtigkeit widerfahren. In den Archiven seines Familienschlosses Durestal fanden sich Memoires über sein Leben in zehen Büchern, welche Carloix, seinen Geheimschreiber, zum Verfasser haben. Sie sind zwar in dem lobrednerischen Tone abgefaßt, der auch dem Brantome und allen Geschichtschreibern jener Periode eigen ist; aber es ist nicht der rhetorische Ton des Schmeichlers, der sich einen Gönner gewinnen will, sondern die Sprache eines dankbaren Herzens, das sich gegen einen Wohlthäter unwillkürlich ergießt. Auch wird dieser Antheil der Neigung keineswegs versteckt, und die historische Wahrheit scheidet sich sehr leicht von demjenigen, was bloß eine dankbare Vorliebe für seinen Wohlthäter den Geschichtschreiber sagen läßt. Diese Memoires sind im Jahr 1757 in fünf Bänden das erstemal im Druck erschienen, obgleich sie schon früher von Einzelnen gekannt und zum Theil auch benutzt worden sind.

Franz von Scepeaux, Herr von Vieilleville, war der Sohn des Renatus von Scepeaux, Herrn von Vieilleville, und Margarethens von La Jaille, aus dem Hause von Estouteville. Seine Eltern hatten großes Vermögen, hielten auf Ehre und lebten dem ganzen Adel von Anjou und Maine zum Beispiel; auch war ihr Haus eines der angesehensten und immer voll der besten Gesellschaft. Franz von Vieilleville kam frühe als Edelknabe zu der Mutter Franz des Ersten, Regentin von Frankreich, einer Prinzessin von Savoyen; ein Zufall aber, der ihm da begegnete, trieb ihn schon nach einem vierjährigen Aufenthalte von dort weg. Es hatte ihm nämlich ein Edelmann eine Ohrfeige gegeben, eben als er Mittags zur Aufwartung

ging. Nach der Tafel schlich sich der Edelknabe von seinem Hof-
meister weg, ging zu jenem Edelmann, der erster Hausküchenmeis-
ter der Regentin war, und stieß ihm, nachdem er ihn aufgefordert
hatte, seine Ehre ihm wieder zu geben, den Degen durch den Leib.
Er war damals, als ihm dieses Unglück begegnete, achtzehn Jahre
alt. Als der König diese Handlung erfuhr, die von allen Großen und
vorzüglich von ihm selbst nicht so ganz mißbilligt wurde, weil die
Hausofficiere nicht das Recht hatten, Edelknaben zu mißhandeln,
ließ er den Herrn von Vieilleville rufen, um ihn seiner Mutter der
Regentin vorzustellen und ihm Vergebung zu verschaffen. Aber
dieser hatte sich schon vom Hof weg und zu seinem Vater nach
Durestal begeben, um von diesem die nöthige Unterstützung zu
einer Reise nach Neapel zu erhalten, wo dem Vernehmen nach Herr
von Lautrec eine schöne Armee hinführen würde. Nachdem er nun
alles in Ordnung gebracht, auch fünf und zwanzig Edelleute aus
Anjou und Bretagne zu seiner Begleitung gewählt hatte, denn er
wollte mit Anstand und seiner Geburt gemäß erscheinen, stellte er
sich zu Chambery dem Herrn von Lautrec vor, der ihn als seinen
Verwandten gütig aufnahm und ihn zu seiner Fahne that. Bei jeder
Gelegenheit zeichnete sich Vieilleville aus und wagte im Angesicht
der ganzen Armee sein Leben, besonders bei der Einnahme von
Pavia, wobei die Franzosen, durch das Andenken an die fünf Jahre
vorhergegangene Schlacht, bei der ihr König gefangen worden, zu
vielen Ausschweifungen hingerissen wurden, denen jedoch Vieilleville mit zweihundert Mann Einhalt that, so viel er konnte. Kurz
darauf wurde Vieilleville auf einer Galeere mit einem seiner Edelleute, Cornillon, der geschworen hatte, ihn niemals zu verlassen,
vom Herrn von Monaco gefangen. Man setzte seine Auslieferung
auf dreitausend und des Cornillon seine auf tausend Thaler und
ließ ihm die Freiheit, diese Gelder zu holen; jedoch würde sein Gesellschafter auf Lebens lang in Ketten geschlagen werden, wenn er
nicht in einer bestimmten Zeit wieder käme.

Vieilleville, der befürchtete, daß er wegen des langen Wegs und
der Beitreibung des Geldes in der Zeit nicht würde einhalten können, nahm diesen Vorschlag nicht an und bat nur, daß man Lautrec
von seiner Gefangennehmung unterrichten möchte; dieser schickte
zwar das Geld zu seiner Auslieferung, allein da die Ranzion für
seinen Gesellschafter nicht dabei war, so schickte Vieilleville sie

wieder zurück und bat nur, daß man des Lösegelds wegen an seinen Vater schreiben möchte; denn er wollte lieber in der Gefangenschaft verschmachten, als Den verlassen, mit dem er sein Schicksal zu theilen versprochen hatte. Herr von Monaco bewunderte diese edle Weigerung, begnügte sich mit dem, was geschickt worden war, und gab Beiden die Freiheit. Kurze Zeit darauf nahm Vieilleville den Sohn eben dieses Herrn von Monaco gefangen und schickte ihn unentgeltlich zurück.

Zu der Zeit erneuerte Vieilleville die Bekanntschaft mit dem Neffen des großen Andreas Doria, Philipp Doria, der Kammerpage bei dem König gewesen, als er selbst bei der Regentin Edelknabe war. Vieilleville besuchte ihn eines Tages auf seinen Galeeren, deren er achte zum Dienste des Königs commandierte. Doria bot ihm eine seiner Galeeren an, und er wählte die, welche die *Regentin* hieß, wo er sogleich als Befehlshaber unter vielen Feierlichkeiten eingeführt wurde. Des Abends ging er wieder in das Lager, das ohngefähr zwei Meilen davon war; so ging es sechs bis sieben Tage fort, und alle vornehmen Officiere der Armee wurden da nach und nach bewirthet.

Moncade, Vicekönig von Neapel, dem es hinterbracht wurde, daß die Officiere und Soldaten dieser Galeeren des Nachts meist ins französische Lager gingen, ließ sechs Galeeren bewaffnen, um den Grafen Doria zu überfallen; allein man bekam Nachricht davon, und es gelang so wenig, daß bei dieser Expedition der Vicekönig selbst, der sich auf einer der Galeeren befand, getödtet wurde; zwei derselben wurden in Grund gebohrt und zwei andere genommen. Bei dieser Gelegenheit geschah es, daß Vieilleville, der auf der *Regentin* alles gethan hatte, was möglich war, so daß von fünfzig Soldaten nur noch zwölf am Leben blieben, zuletzt noch eine der Galeeren angreifen wollte, die nebst einer andern noch übrig geblieben war. Er enterte und stürzte sich mit seinen Soldaten hinein. Während er aber auf diesem Schiffe focht, machten sich die Matrosen von der *Regentin* los, zogen die Segel auf und gingen geradezu nach Neapel, wohin auch die andere Galeere schon während des Gefechts vorausgegangen war; Vieilleville, der seine meisten Soldaten verloren, mußte sich nun ergeben.

Als die erste spanische Galeere im Hafen ankam, ließ der Prinz von Oranien den Capitän und mehrere der Mannschaft hängen. Dieses erfuhr der Capitän der Galeere, auf der sich Vieilleville als Gefangener befand, und fürchtete sich, in den Hafen einzulaufen. Vieilleville benutzte diese Unentschlossenheit und beredete den Capitän, in des Königs Dienste zu treten, der es auch annahm und ihm nebst der ganzen Mannschaft den Eid der Treue ablegte.

Unterdessen hatte Graf Doria den ganzen Tag und die ganze Nacht seinen Freund Vieilleville unter den auf dem Wasser schwimmenden Körpern suchen lassen und war ganz trostlos über diesen Verlust. Um Nachricht von ihm einzuziehen, ließ er den Capitän Napoleon, einen Corsen, mit der *Regentin* auslaufen und in dieser Absicht nach Neapel segeln. Sie waren nicht weit gekommen, so entdeckten sie eine Galeere, die ihnen kaiserlich schien, doch sahen sie auf dem Mastbaum einen Matrosen mit einer weißen Flagge; bald darauf hörten sie auch Musik und Frankreich rufen. Vieilleville erkannte sogleich die *Regentin*, und die Freude des Wiedersehens war allgemein. Noch eine andere Galeere, die man ihm von Neapel aus nachgeschickt hatte, nahm er durch eine Kriegslist weg und kam, anstatt gefangen zu sein, als Herr von zwei Galeeren bei der Armee wieder an, wo er aber seinen Freund Doria nicht mehr antraf, der mit zwei Galeeren nach Frankreich geschickt worden war. Da die Belagerung von Neapel, die Lautrec unternommen hatte. sehr langsam von Statten ging, so nahm Vieilleville seinen Abschied, und dieses zu seinem Glücke; denn drei Monate darauf riß die Pest ein, welche die meisten Officiere der Armee dahinraffte.

Als er sich dem König bei seiner Zurückkunft vorstellte und ihn seiner jugendlichen Uebereilung wegen um Verzeihung bat, sagte ihm derselbe, daß schon alles verziehen sei, da besonders die Regentin nicht mehr lebe. Er befahl ihm, sich fleißig bei ihm einzufinden, und gab ihn dem Herzog von Orleans, seinem zweiten Sohne (der ihm unter dem Namen Heinrich II. auf dem Throne folgte), mit den Worten:»Er ist nicht älter als du, mein Sohn; aber siehe, was er schon gethan hat. Wenn ihn der Krieg nicht aufreibt, so wirst du ihn einst zum Marschall von Frankreich erheben.«

Einige Zeit darauf machte Karl V. Anstalt, in Frankreich einzufallen; der König zog deßhalb seine Armee bei Lyon zusammen. Das erste Geschäft war, sich Meister von Avignon zu machen, damit nicht die Kaiserlichen diesen Schlüssel der Provence besetzten.

Nach langen Berathschlagungen wählte der König selbst den Herrn von Vieilleville, obgleich Viele wegen seiner großen Jugend dagegen waren. Er wurde mit sechstausend Mann Fußvolk ohne Artillerie dahin abgeschickt, um dem Kaiser zuvorzukommen.

Da er vor Avignon ankam und es verschlossen fand, verlangte er, mit dem Vice-Legaten sich zu unterreden, der sich auch auf der Mauer zeigte. Vieilleville bat ihn sehr dringend, herunterzukommen, da er ihm etwas Wichtiges zu seinem und der Stadt Wohl mitzutheilen hätte. Er selbst wollte bei dieser Unterredung nur die sechs Personen bei sich halben, die er um ihn sähe, der Legat hingegen könnte so viele Begleiter mit sich nehmen, als er nur wollte, wenn er Mißtrauen hegte. Jener kam an das Thor mit fünfzehn oder zwanzig Mann Begleitung und einigen der Vornehmsten der Stadt. Vieilleville versicherte ihm, daß er nicht in die Stadt begehre, daß ihn aber der König ersuche, einen Eid abzulegen, auch keine Kaiserlichen hineinzulassen, und deßhalb Geiseln zu stellen. Der Vice-Legat willigte in den ersten Punkt; Geiseln aber wollte er in keinem Fall stellen.

Von den sechs Soldaten, die mit Vieilleville waren, hatten vier den Capitänstitel, sie waren aber schlecht gekleidet; er bat daher, sie in die Stadt zu lassen, um sich zu montieren, Pulver zu kaufen und ihr Gewehr herzustellen, das denn auch gern erlaubt wurde. Ihr Plan war, sich unter die Thore zu stellen und zu verhindern, daß man die Fallrechen nicht herunterließe. Unterdessen kamen immer mehrere Soldaten nacheinander an, ohne daß der Vice-Legat, noch seine Leute es gewahr wurden, denn man zankte sich mit Fleiß wegen der Geiseln mit ihm herum. Es wurde gedroht, auf zwei Stunden weit alles um die Stadt herum zu verwüsten, wenn sie nicht gestellt würden. Da endlich Vieilleville sah, daß er stark genug war, gab er dem Vice-Legaten einen Stoß, daß er zur Erde stürzte, zog den Degen und drängte sich mit den Leuten, die da waren, in die Thore, wo er einige Schüsse auszuhalten hatte, wovon ihm zwei oder drei Leute getödtet wurden; sieben bis acht von den andern wurden erstochen.

Jetzt wollten die Einwohner von Avignon auf den Fallrechen zulaufen, hier aber standen die vier Soldaten, die sich sehr tapfer hielten und sie verhinderten, nahe zu kommen. Auf den Lärm der Flintenschüsse kamen dann tausend bis zwölfhundert Mann, die man über der Stadt bei Nacht in das Korn versteckt hatte, als Hinterhalt hervor und drangen mit dem größten Muth ein. Den übrigen Theil seines Corps hatte Vieilleville auch herbeigerufen, und nun kamen sie mit fliegenden Fahnen und klingendem Spiel an. Er nahm nun die Schlüssel der Thore, die zublieben, außer das Rhoner Thor gegen Villeneuve, welches schon französisch ist. Da sich Vieilleville nun durch diese Kriegslist Meister von der Stadt gemacht hatte, so fing er an, die Ordnung darin herzustellen und die Soldaten im Zaum zu halten, so daß keinem Einwohner, der sich ruhig verhielt, etwas zu Leide geschah und keine Frauenspersonen mißhandelt wurden. Doch kostete ihm dieses nicht wenig Mühe; er mußte sogar fünf bis sechs Soldaten und einen Capitän niederstoßen, der mit aller Gewalt plündern wollte. Der Connetable lagerte sich nun bei Avignon, und Vieilleville zog zum König zurück, den er in Tournon antraf, wo er mit großer Freude empfangen wurde. Als er vor dem König ankam, redete dieser ihn also an:»Nähert Euch, schönes Licht unter den Rittern! Sonne würde ich Euch nennen, wenn Ihr älter wäret, denn wenn Ihr so fortfahret, werdet Ihr über alle Andern leuchten. Pariert unterdessen den Streich von Eurem König, der Euch liebt und ehrt,« und schlug ihn so, indem er die Hand an den Degen legte, zum Ritter.

Nach dieser Zeit bat ihn Herr von Chateaubriand, sein Verwandter, der Gouverneur und Generallieutenant des Königs in Bretagne war, seine Compagnie von fünfzig Mann (Gendarmes) zu übernehmen, da sie sonst in Bretagne bleiben müßte und keine Gelegenheit hätte, sich zu zeigen. Er wollte zugleich zuwege bringen, daß er des Königs Lieutenant während seiner Abwesenheit in Bretagne sein sollte. Vieilleville übernahm zwar die Compagnie, allein die Lieutenantsstelle über die Provinz verbat er sich, da er Hoffnung habe, ein eignes Gouvernement zu erhalten.

Es scheint sonderbar, daß Vieilleville nicht eine Compagnie Gendarmes für sich selbst haben konnte; allein es war damals nicht so leicht, sie zu erhalten, und überdem verschmähte seine Delicatesse, dasjenige der Gunst zu verdanken, was er durch Verdienst zu erwerben hoffte. Zum Beweise dient die Antwort, die er dem König gab, als ihm dieser nach dem Tode des Herrn von Chateaubriand die Compagnie anbot: er habe, sagte er, noch nichts gethan, was einer solchen Ehre werth wäre; worauf der König sehr verwundert und fast erzürnt sagte:»Vieilleville, Ihr habt mich getäuscht, denn ich hätte geglaubt, Ihr würdet, wenn Ihr auf zweihundert Meilen weg gewesen wäret, Tag und Nacht gerennt sein, um sie zu begehren, und nun ich sie Euch von selbst gebe, so weiß ich doch nicht, was für eine günstigere Gelegenheit Ihr abwarten wollt.«»Den Tag einer Schlacht, Sire,« antwortete Vieilleville,»wenn Ew. Majestät sehen werden, daß ich sie verdiene. Nähme ich sie jetzt an, so könnten meine Kameraden diese Ehre lächerlich machen und sagen: ich habe sie nur als Verwandter des Herrn von Chateaubriand erhalten; lieber aber wollte ich mein Leben lassen, als durch etwas anders als mein Verdienst auch nur einen Grad höher steigen.«

Einige Stunden vor dem Tode Franz des Ersten ließ dieser Monarch, der sich noch der Verdienste Vieillevilles erinnerte, den Dauphin rufen, um ihm denselben zu empfehlen:»Ich weiß wohl, mein Sohn, du wirst St. André eher befördern, als Vieilleville; deine Neigung bestimmt dich dazu. Wenn du aber eine vernünftige Vergleichung zwischen beiden anstellen würdest, so beeiltest du dich nicht. Wenigstens bitte ich dich, wenn du sie auch nicht mit einander erhöhen willst, daß doch letzterer dem erstern bald folge.« Der Dauphin versprach es auch, jedoch nur mit dem Vorbehalt, dem St. André den Vorzug zu geben. Der König ließ sogleich Vieilleville rufen, reichte ihm die Hand und sagte ihm die Worte:»Ich kann bei der Schwäche, in der ich mich befinde, Euch nichts anders sagen, Vieilleville, als daß ich zu früh für Euch sterbe; aber hier ist mein Sohn, der mir verspricht, Euch nie zu vergessen. Sein Vater war nie undankbar, und noch jetzt will er, daß er Euch den zweiten Marschallsstab von Frankreich, der aufgeht, gebe, denn ich weiß wohl, wem der erste bestimmt ist. Aber ich bitte Gott, daß er ihn niemals Jemand gebe, als wer dessen so würdig ist, wie Ihr. Ist dies nicht auch deine Meinung, mein Sohn?« Ja, antwortete der Dauphin. Hierauf warf der König seinen Arm um Vieilleville; allen Dreien standen die Thränen im Auge. Kurz darauf ließen die Aerzte den Dauphin und alle Anderen hinausgehen, und bald darnach gab der König den Geist auf.

Jetzt war Heinrich, der vormalige Herzog von Orleans und nun durch den Tod seines ältern Bruders Dauphin von Frankreich, König, und schon nach sieben Tagen bekam Vieilleville den Auftrag, als Gesandter nach England zu gehen, um dem unmündigen Eduard und seinem Conseil neuerdings den Frieden zuzuschwören, welche Gesandtschaft er auch mit vieler Würde unternahm und zur größten Zufriedenheit ausführte.

Bald nach Beerdigung des alten Königs wurde der Proceß des Marschalls von Biez und seines Schwagers von Vervins, welche Boulogne an die Engländer ausgeliefert hatten, vorgenommen, letzterer zum Tod, ersterer aber zur Gefängnisstrafe und Verlust seiner Güter und Titel verdammt. Der König wollte Vieillevillen aus eigenem Antrieb von den hundert Lanzen, die der Marschall von Biez commandiert hatte, fünfzig geben; Vieilleville dankte aber sehr für diese Gnade, weil er nicht der Nachfolger eines solchen Mannes sein wollte.»Und warum nicht?« fragte ihn der König. –»Sire,« antwortete Vieilleville,»es würde mir sein, als wenn ich die Wittwe eines verurtheilten Verbrechers geheirathet hätte. Auch hat es mit meiner Beförderung keine Eile; denn ich weiß, daß Ew. Majestät gleich nach Ihrem feierlichen Einzug in Paris beschlossen haben, Boulogne den Engländern wieder wegzunehmen. Vielleicht bleibt dabei ein Capitän, ein Mann von Ehre, dessen Platz Sie mir geben werden, oder bleibe ich selbst; denn um meinem König zu dienen, werde ich mich nicht schonen, und dann bedarf ich keiner Compagnie mehr.« Dieses geschah in Gegenwart des Marschalls von St. André. Der König redete ihm noch sehr zu, allein Vieilleville blieb bei seiner Antwort.»Lieber will ich des Marschalls, der hier ist, Lieutenant sein, als die Compagnie des Herrn von Biez, eines Verräthers, haben.«

Der Marschall von St. André, der vorher schon gegen den König denselben Wunsch geäußert hatte, war äußerst froh über diese Erklärung.»Erinnert Euch, mein bester Freund, dieser Rede, wobei Ihr den König zum Zeugen habt.« Vieilleville sah sich jetzt gezwungen, die Lieutenantsstelle anzunehmen; wiewohl er den Vorschlag in keiner andern Absicht gethan hatte, als um jenes erste Anerbieten abzulehnen.

Diese Compagnie Gendarmes war von dem Vater des Marschalls sehr nachlässig zusammengesetzt worden. Sie bestand größtenteils aus den Söhnen der Gastgeber und Schenkwirthe, und da die Schilde an diesen Wirthshäusern gewöhnlich Heilige vorstellten, so benannte sich dieses Volk nach diesen Heiligen. Daher war diese Compagnie in ganz Lyon zum Gelächter. Einige dankten Gott, daß er eine Compagnie Heilige aus dem Paradies geschickt habe, sie zu bewachen; andere nannten sie die Gendarmes der Litanei. So fand man auch in der ganzen Compagnie nicht fünfzig Dienstpferde. Daher kam es auch, und besonders aus der Gunst, in der ihr Chef stand, daß sie nie zur Armee stießen; es hieß immer, sie wären dem Gouverneur unentbehrlich, um eine so große Stadt, wie Lyon, im Zaum zu halten. Bei der Musterung entlehnten diese Leute die ihnen nöthigen Pferde und Armaturstücke, und so dauerte diese Unordnung neun bis zehn Jahre, bis der alte St. André starb und nun sein Sohn sie bekam, der sie denn auch so ließ, weil er ihre Schande nicht aufdecken wollte. Eben deßwegen aber war es ihm lieb, Vieillevillen zu seinem Lieutenant zu haben, da er ihn als einen strengen und unerbittlichen Mann im Punkt der Zucht und der Ehre kannte.

Vieilleville hatte diese Compagnie nach Clermont in Auvergne beordert, damit sie nicht so leicht Waffen und Pferde entlehnen könnte. Hier erschien er nun mit sechzig bis achtzig braven Edelleuten aus den besten Häusern von Bretagne, Anjou und Maine, die meistens den Krieg in Piemont mitgemacht hatten. Kaum war er angekommen, so überreichte man ihm eine Liste von dreißig bis vierzig, die vermöge eines Attestats vom Doktor zurückgeblieben waren, die er denn sogleich aus der Compagnie ausstrich. Ebenso machte er es mit dem Volk der Pächter, Kammerdiener u. dgl., die auf vornehmer Herren und Frauen Gunst in die Compagnie waren angenommen worden. Die Uebrigen, die noch in den Reihen standen, ließ er zu Pferd manövrieren, und da sie gar nichts verstanden, so gaben sie den alten Soldaten viel zu lachen. Er schickte sie daher auch sogleich in ihre Wirthshäuser zurück, um den Gästen dort aufzuwarten, mit dem Bedeuten, daß unter die Gendarmes nur Edelleute gehörten. Einige von ihnen murrten zwar darüber und bedienten sich ungezogener Ausdrücke; wie aber die Edelleute mit dem Stock über sie herfielen, so nahmen die Andern Reißaus zu großer Belustigung der Gesellschaft. Und so entledigte sich Vieilleville dieses Gesindels, das zum Dienst des Königs nie einen Sporn angelegt hatte, und besetzte die Plätze mit guten Edelleuten, die auf Ehre hielten und sich mit Anstand ausrüsten konnten. Jetzt ließen sich auch noch viele andere Edelleute aus Gascogne, Perigord und Limosin einschreiben, die vorher unter dem Auswurf nicht hatten dienen wollen, so daß diese Compagnie bei der nächsten Musterung auf fünfhundert Pferde sich belief und eine der besten der ganzen Gendarmerie wurde.

Einige Zeit darauf begleitete Vieilleville den König durch Bourgogne nach Savoyen, wo überall in den großen Städten ein feierlicher Einzug gehalten wurde. Als sie nach St. Jean de Maurienne kamen, wo ein Bischof residiert, bat dieser den König, diese Stadt mit einem Einzug zu beehren, und versprach dabei, ihm ein Fest zu geben, wie er es noch nie gesehen. Der König, neugierig auf diese neue Festlichkeit, gestand es zu und zog den andern Morgen feierlich ein. Kaum war er zweihundert Schritte durch das Thor, als sich eine Compagnie von hundert Mann zeigte, die vom Kopf bis auf den Fuß wie Bären gekleidet waren, und dieses so natürlich, daß man sie für wirkliche Bären halten mußte. Sie kamen schnell auf einer Straße heraus mit klingendem Spiel und fliegenden Fahnen, den Spieß auf der Schulter, nahmen den König in die Mitte, und so bis hin zur Kirche, zum großen Gelächter des ganzen Hofes. Eben so führten sie den König bis zu seiner Wohnung, vor welcher sie viele tausend Bärensprünge und Possen machten; sie kletterten wie Bären an den Häusern, an den Säulen und Bogengängen hinauf und erhuben ein Geschrei, das ganz natürlich dem Brummen der Bären glich. Da sie sahen, daß dem König dieses gefiel, versammelten sie sich alle Hundert und fingen ein solches entsetzliches Hurrah an, daß die Pferde, welche unten vor dem Hause mit der Dienerschaft hielten, scheu wurden und über alles hinrennten, welches den Spaß sehr vermehrte, obgleich viele Leute dabei verwundet wurden. Demungeachtet machten sie noch einen Rundtanz, wo die Schweizer sich auch darein mischten.

Von da ging der König über den Berg Cenis nach Piemont, wo sein Vater Franz I. schon den Prinzen von Melfi zum Vicekönig eingesetzt hatte. Dieser Prinz, als er dem König entgegen gegangen war, erzeigte Vieillevillen besondere Ehre, so daß er ihm selbst

Quartier in Turin machte und die Leute des Connetable von Montmorency auf mehreren Wohnungen, die sie bestellt hatten, herauswerfen ließ, um sie für Vieilleville aufzubewahren, welches der Connetable sehr übel aufnahm und dem Prinzen merken ließ, daß es dem Reisemarschall zuständе, Jeden nach seinem Rang zu logieren. Hierauf sagte ihm der Prinz: »Herr, wir sind über den Bergen hüben – wenn Sie drüben sind, befehlen Sie in Frankreich, wie Sie wollen und selbst durch den Stock; hier aber ist es anders, und ich bitte mir aus, keine Anordnung zu machen, die nicht befolgt werden würde.« Der Prinz ging in seiner Achtung gegen Vieilleville so weit, daß er oft die Parole bei ihm abholen ließ, und gab nie zu, daß die, welche der Connetable für die Haustruppen des Königs gab, allgemein gelten sollte. Vieilleville, als feiner Hofmann, machte jedoch so wenig als möglich Gebrauch von diesen Auszeichnungen, um die andern Großen nicht aufzubringen. Es wendete sich alles nur an ihn, um Befehle im Dienst des Königs zu erhalten. Bei seinem Aufstehen und Niederlegen waren alle Capitäns zugegen; er hielt aber auch offene Tafel, und diese war so reich besetzt, daß die Tafel des Prinzen von Melfi sehr mager dagegen aussah.

Unterdessen bekam der König Nachricht, daß ein Aufstand in Guyenne ausgebrochen und man zu Bourdeaux den Gouverneur und andere beim Salzwesen angestellte Offiziere umgebracht hatte. Der Connetable stellte dem König vor, daß dieses Volk immer rebellisch sei, und daß man die Einwohner dieser Gegend gänzlich ausrotten müsse. Er bot sich auch selbst an, dieses ins Werk zu richten. Der König schickte ihn zwar dahin ab, befahl aber doch, nur die Schuldigen nach der Strenge zu bestrafen und gute Mannszucht zu halten. Auch gab er ihm den Herzog von Anmale mit, den Vieilleville begleitete. Der Volksaufstand hatte sich bei Annäherung der Truppen bald zerstreut, so daß der Connetable ganz ruhig in Bourdeaux einziehen konnte, wo er binnen eines Monats gegen hundert und vierzig Personen durch die schmerzhaftesten Todesarten hinrichten ließ. Besonders wurden die drei Rebellen, welche die königlichen Officiere ins Wasser geworfen hatten, mit den Worten:»Geht, ihr Herren, und salzet die Fische in der Charente!« auf eine sehr schreckliche Art gerädert und dann verbrannt, mit den Worten in der Sentenz:»Gehe hin, Canaille, und brate die Fische der Charente, die du mit den Körpern von deines Königs Dienern gesalzen hast.«

Auf dem ganzen Weg nach Bourdeaux hatte Vieilleville die Compagnie des Marschalls von St. André, deren Lieutenant er war, geführt und dabei so gute Mannszucht gehalten, daß alles wie im Wirthshaus bezahlt wurde. Er stieg sogar nicht eher zu Pferde, bis seine Wirthe ihm geschworen hatten, daß sie alles richtig erhalten. Als er mit dieser Compagnie in ein großes Dorf drei Stunden von Bourdeaux kam, fanden seine Reitknechte unter dem Heu und Stroh eine große Anzahl sehr schöner Piken, Feuerröhren, Pickelhauben, Cuirasse, Helme, Schilde und Hellebarden versteckt. Der Wirth, den er darüber unter vier Augen zur Rede setzte, antwortete mit Angst und Zittern, daß seine Nachbarn diese Waffen hieher versteckt hätten, weil sie wohl wüßten, daß er ein unschuldiger Mann sei. Und weil ich, setzte er hinzu, in den zwei Tagen, so Ihr bei mir seid, von Niemand nur ein hartes Wort erhalten, so will ich Euch noch mehr sagen, daß fünf und dreißig Koffer und Kisten von verschiedenen Edelleuten, die sich in ihrem Haus nicht sicher glaubten, hieher gebracht worden, die ich habe einmauern lassen, weil es bekannt ist, daß ich nie mit diesem Unwesen etwas zu thun gehabt; ich bitte Euch aber, gnädiger Herr, haltet darüber, daß weder sie noch ich Schaden leiden. Vieilleville, der wohl sah, daß er unschuldig, aber ein armer Tropf sei, befahl ihm, Niemand etwas davon zu entdecken, die Waffen aber öffentlich in eine Scheune zu verschließen, und stellte ihm ein Zeugniß aus, daß er selbst sie erkauft und bezahlt habe und abholen lassen würde. Er sollte sich nur an ihn wenden, wenn man Gewalt brauchen wollte. Gerührt von dieser menschlichen Behandlung, wollte dieser Mann, der das Leben verwirkt zu haben glaubte, ihn fast anbeten und bat auf den Knieen, wenigstens die Waffen anzunehmen, besonders die Piken, die ganz neu und sehr schön wären. Allein Vieilleville wurde aufgebracht und befahl ihm, wenn er nicht der Gerechtigkeit überliefert sein wollte, zu schweigen.

In einem Dorfe, eine Stunde von Bourdeaux, blieb die Compagnie in Garnison, er selbst aber nahm seine Wohnung in Bourdeaux bei einem Parlamentsrath Valvyn. Dieser kam ihm gleich entgegen und schätzte sich glücklich, einen Mann von solcher Denkungsart und Ansehen in seinem Haus zu haben, und desto mehr, da er auf falsche Anklagen von dem Connetable sehr gedrückt, ja sogar Hausgefangener sei. Vieilleville sicherte ihm allen Beistand zu und versprach, seine Sache zu vertheidigen. Kaum war er in den Saal getreten, so erschien auch die Frau von Valvyn mit zwei Töchtern von außerordentlicher Schönheit. Sie war noch ganz verwirrt von einem Schrecken, den sie in der vorigen Nacht gehabt, da man in dem Hause ihrer Schwester, der Wittwe eines Parlamentsraths, einbrechen wollen; sie hatte deßwegen ihre zwei Nichten hieher geflüchtet und empfahl ihm die Ehre dieser vier Mädchen auf das dringendste. Sie warf sich vor ihm auf die Kniee, allein Vieilleville hob sie auf und sagte ihr, daß er auch Töchter habe. Er würde eher das Leben, als ihnen etwas Leides geschehen lassen. Da sich die Mutter so getröstet sah, fing sie nunmehr an zu erzählen, daß die Leute des Herrn, der bei ihrer Schwester wohnte und Graf Sancerre hieß, und besonders ein junger Edelmann die Thüre in der Mädchen Kammer habe eintreten wollen, daß die Mädchen aber zum Fenster hinaus auf das Reisig gesprungen seien und sich hieher geflüchtet hätten. Vieilleville fragte sie, ob es nicht der Bastard von Beuil sei? – So heißt er, sagten sie. –»Nun da muß man sich nicht wundern,«versetzte Vieilleville,»bei dem Sohn einer H . . . . ist für Mädchen von Ehre in dergleichen Dingen nie Friede, noch Sicherheit; denn es verdrießt ihn, daß nicht alle Weiber seiner Mutter gleichen.«Indem kam auch die Wittwe an und klagte, daß der Bastard sie mißhandelt und von ihr verlangt habe, die Mädchen ihm auszuliefern. Nach dem Essen ging Vieilleville zum Connetable, wo er Sancerre das üble Betragen seines angenommenen Sohnes vorstellte. Der Graf von Sancerre, um des Vieilleville Hauswirth zu besänftigen, ging mit ihm zum Abendessen nach Hause, wo er selbst seine Entschuldigung machte und sie für die Zukunft sicher zu stellen suchte; allein sie trauten auch ihm nicht und kamen, so lang die Armee in Bourdeaux war, nicht mehr aus ihrer Freistatt. Sie ersparten sich dadurch viele Unannehmlichkeiten und Schande, die den andere Bürgern widerfuhr, denn alle Einwohner der Stadt, ohne Ausnahme des Geschlechts, mußten auf den Knieen Abbitte thun, allein die Familie Valvyn blieb davon weg, obgleich der Connetable Vieilleville erinnern ließ, sie nicht zurückzuhalten, worauf dieser aber ganz erzürnt sich erklärte, wenn man seine Hausleute zu dieser schimpflichen Abbitte zwingen wollte, so werde er selbst mit ihnen kommen; er versichere aber, daß kein geringer Lärm darüber entstehen sollte.

Es geschah öfters, daß von den Compagnieen, die auf dem Dorfe lagen, mehrere Soldaten nach Bourdeaux kamen, um sich Bedürfnisse einzukaufen, oder auch um die Hinrichtungen mit anzusehen. Einer von den Gendarmen und zwei Bogenschützen machten sich dieses zu Nutze und meldeten dem Pfarrer ihres Dorfes, zwei von Denen, die sie hätten hängen sehen, hätten ausgesagt, daß er mit ihnen die Sturmglocke in seiner Kirche geläutet habe. Sie hätten daher den Auftrag, ihn gefangen zu nehmen, würden ihn aber entwischen lassen, wenn er ihnen eine schöne Summe gäbe. Der arme Pfarrer, der sich nicht ganz schuldlos fühlte, versprach ihnen achthundert Thaler; aber auch hiermit noch nicht zufrieden, erpreßten sie von ihm, den Dolch an der Kehle, das Geständniß, wo er die reichen Gerätschaften der Kirche hinversteckt hätte. Die Furcht vor dem Tod ließ ihn alles gestehen. Sie banden ihn darauf in einer entfernten Stube fest und beschlossen, wenn sie ihren Schatz in Sicherheit gebracht haben würden, ihn umzubringen. Allein der Neffe des Pfarrers lief nach Bourdeaux, Vieillevillen davon zu benachrichtigen, der sich sogleich zu Pferde setzte und, ohne daß die Bösewichter etwas davon merkten, in der Pfarrwohnung abstieg, eben da sie mit drei reich beladnen Pferden daraus abziehen wollten. Den ersten, der ihm vorkam, stieß er sogleich im Zorn nieder mit den Worten: »Nichtswürdiger, was? Sind wir Ketzer, daß wir auf die Priester losgehen und Kirchen bestehlen?« Die andern zwei wurden von ihren Kameraden selbst getödtet, damit die Compagnie nicht beschimpft würde, wenn sie am Galgen stürben. Den Pfarrer fand man gebunden und zwei Knechte bei ihm, die ihm das Messer an der Kehle hielten, daß er nicht schreien sollte. Er warf sich vor Vieillevillen nieder und dankte für sein Leben und die Wiedererstattung seines Vermögens; dieser befahl ihm, die drei Todten zu begraben und eine Messe für ihre Seele zu lesen.

Nachdem nun der Connetable in dieser Stadt ein schreckliches Beispiel seiner Strenge in der Bestrafung der Aufrührer gegeben, ließ er die Armee auseinander gehen; die stehen bleibende Compagnie aber wurde von ihm gemustert. Im Scherze sagte er zu Vieilleville, daß er selbst der Commissär bei seiner Compagnie sein würde, denn er hätte vernommen, daß die Compagnie des Marschalls von St. André nicht vollzählig noch equipiert sei, hinreichende Dienste zu thun, und daß er wohl wüßte, wie nur zwanzig

Dienstpferde darinnen wären. Vieilleville bat ihn darauf ganz bescheiden, bei der Verabschiedung seine Compagnie nicht zu schonen, wenn er sie so befände. Aber er solle wohl Acht haben, daß, wenn er ihm selbst die Ehre anthun wollte, seine Compagnie zu mustern, es ihm nicht gehe, wie den andern Commissären. Und wie denn? fragte ihn der Connetable, der sich vorstellte, es geschehe ihnen etwas Unangenehmes. Ich behalte Sie zum Mittagsessen, antwortete Vieilleville. Auch fand der Connetable bei der Musterung zu großer Bewunderung aller Anwesenden diese Compagnie in vortrefflichem Stande. Sie nahm ein großes Feld ein und schien über sechshundert Pferde stark, denn er hatte die Reitknechte, so die Handpferde ihrer Herren ritten, in einiger Entfernung neben der Compagnie stellen lassen und nicht hinter ihnen, wie es sonst gewöhnlich. Er selbst kam dem Connetable und allen Großen, die ihn begleiteten, auf einem prächtigen Apfelschimmel, der auf zweitausend Thaler geschätzt wurde, vor der Compagnie entgegen und zeigte da, wie er sein Pferd wohl zu reiten verstünde. Er gab hierauf dem Connetable und allen diesen Herren in einem Feld neben dem Dorf ein vortreffliches Gastmahl unter Hütten, die er auf Zweigen hatte sehr artig aufrichten lassen.

Von Bourdeaux aus führte er seine Compagnie in ihre gewöhnliche Garnison nach Xaintonge und ging sodann nach Hause, wo die Heirath des jungen Marquis von Espinay mit seiner Tochter vollzogen wurde, bei welcher Gelegenheit eine unzählige Menge Fremder sich einfand, die alle auf das beste und kostbarste bewirthet wurden. Auch schlichtete er mehr als zehn Ehrenhändel, die zwischen braven und tapfern Edelleuten und Officieren in der Nachbarschaft entstanden waren, und ob er sie gleich sehr verwirrt fand, so wußte er sie doch, vermöge der großen Fertigkeit, die er im Umgang mit so vielen Nationen und seit so langen Jahren erhalten, sehr wohl auseinander zu setzen und auszugleichen, so daß man in dieser Art Händel sich von allen Seiten an ihn wendete, sogar die Marschälle von Frankreich, die das oberste Gericht über die Ehre des französischen Adels ausmachten.

Kaum acht Tage nach der Hochzeit wurde Vieilleville nach Hofe beordert, wohin er auch gleich den jungen Espinay mit sich nahm, denn er sollte keine Gelegenheit versäumen, sich zu zeigen, und er vermuthete, daß man den Engländern, gleich nach dem Einzug des

Königs, Boulogne wieder nehmen würde. Eines Tages kam der Schwager des Marschalls von St. André, d'Apechon, nebst den Herren von Sennecterre, Biron, Forguel und La Roue zu ihm und überbrachten ein Brevet, vom König unterzeichnet, worin ihm und den Ueberbringern dieses das confiscierte Vermögen aller Lutheraner in Guyenne, Limosin, Quercy, Perigord, Xaintonge und Aulnys geschenkt wurde. Sie hatten ihn vorgeschoben, um desto gewisser dieses beträchtliche Geschenk, das nach Abrechnung aller Kosten der Erhebung Jedem zwanzigtausend Thaler tragen konnte, zu erhalten. Vieilleville dankte ihnen dafür, daß sie bei dieser Gelegenheit an ihn gedacht hätten, erklärte aber, daß er sich durch ein so gehässiges und trauriges Mittel nie bereichern würde; denn es wäre nur darauf abgesehen, das arme Volk zu plagen und durch falsche Anklagen so manche gute Familie zu ruinieren. Es wäre ja kaum der Connetable aus diesem Land mit seiner großen Armee, die schon so viel Schaden angerichtet; auch hielte er es unter seiner Würde und gegen alle christliche Pflicht, die armen Unterthanen des Königs noch mehr ins Unglück zu bringen, und eher würde er sein Vermögen dazu verlieren, als daß sein Name bei diesen Confiscationen in den Gerichten herumgezogen würde. – »Denn,« setzte er hinzu, »wir würden in allen Parlamentern einregistriert werden und den Ruf als Volksfresser verdienen; für zwanzigtausend Thaler den Fluch so vieler Weiber, Mädchen und Kinder, die im Spital sterben müssen, auf sich zu laden, heißt sich zu wohlfeil in die Hölle stürzen. Ueberdem würden wir alle Gerichtspersonen, in deren Prosit wir greifen, zu Gegnern und Todfeinden haben.« Er zog darauf seinen Dolch und durchlöcherte das Brevet, worauf sein Name stand; eben dieses that nun auch d'Apechon, der ganz schamroth worden war, und Biron; sie gingen alle Drei davon und ließen das Papier auf der Erde liegen. Die Andern aber, welche schon gar zu sehr auf diesen Prosit gezählt hatten, waren sehr unwillig über die Gewissenhaftigkeit Vieillevilles, hoben das Brevet auf und zerrissen es unter großen Flüchen in tausend Stücke.

Kurz darauf wurde Boulogne von dem König belagert, wobei denn auch Vieilleville und sein Schwiegersohn Espinay zugegen waren. Eines Tages fiel ihm ein, daß, wie er in England Gesandter gewesen, der Herzog von Somerset ihm einige Stichelreden über die Bravour der Franzosen gegeben hatte. Vieilleville bat daher den

Herrn von Espinay, sich in seine beste Rüstung zu werfen, wie an dem Tag einer Schlacht. Eben so zog er selbst sich an, nahm noch drei Edelleute mit und ritt mit diesem Gefolge ganz in der Stille vor die Thore von Boulogne. Der Trompeter blies, und man verlangte zu wissen, was er wollte? Er fragte, ob der Herzog von Somerset in dem Platz sei? – Vieilleville wäre hier und wollte eine Lanze brechen. Es wurde ihm geantwortet, daß der Herzog krank in London liege, obgleich es allgemein hieß, daß er in Boulogne sei. Er fragte darauf, ob nicht ein anderer tapferer Ritter von Rang auf den Platz kommen wollte; allein es zeigte sich Niemand.»Wenigstens,« sagte er,»wird doch vielleicht ein Sohn eines Mylords sich finden, der mit einem jungen Herrn aus Bretagne, Espinay, der noch nicht zwanzig Jahre hat, sich messen will. Er komme, damit wir nicht ins Lager wieder zurückkommen, ohne uns gemessen zu haben; denn es geht um die Ehre eurer Nation, wenn sich Niemand zeigt.« Endlich zeigte sich der Sohn des Mylord Dudley auf einem schönen spanischen Pferd mit einem prächtigen Gefolge. Sobald ihn einer von Vieillevilles Gefolge gesehen hatte, sagte dieser zu Espinay:»Dieser Mylord ist Euer; seht Ihr nicht, wie er auf englische Art reitet, er berührt ja fast den Sattelknopf mit seinen Knieen. Sitzet nur fest und senkt Eure Lanze nicht eher, als drei oder vier Schritte vor ihm, denn wenn Ihr sie schon von weitem herunterlaßt, sinkt die Spitze, Ihr verliert den Augenpunkt, denn das Auge wird von dem Visier geblendet.« Es wurde darauf der Vertrag von beiden Seiten gemacht, daß, wer seinen Feind zur Erde wärfe, ihn nebst Pferd und Rüstung gefangen wegführen sollte.

Jetzt ritten sie jeder an seinen Platz, legten die Lanze ein und stießen auf einander; der Engländer stürzte und ließ seine Lanze fallen, die vorbeigegangen war. Espinay hatte ihm einen so starken Stoß in die Seite gegeben, daß die Lanze brach. Sogleich springt Tailladé, einer aus Espinays Gefolge, vom Pferd und schwingt sich auf Dudleys spanisches Roß; die andern heben diesen von der Erde, der Trompeter bläst *Victoria*, und nun eilen sie mit ihrem Gefangenen dem Lager zu und verlassen in ziemlicher Verwirrung die Engländer.

Der König hatte indessen schon Nachricht davon erhalten und zog ihnen mit vielen Großen entgegen. Kaum hatten sie ihn erblickt, so fliegen sie vom Pferd, und Espinay stellte seinen Gefangenen vor und übergab ihn dem König; dieser, indem er ihn wieder zurückgab, zog seinen Degen und schlug ihn zum Ritter.

Bald darauf nöthigte ein erschrecklicher Sturm den König, das Lager von Boulogne aufzuheben und seine Armee zurückzuziehen. Der junge Dudley bat jetzt, da sie weiter ins Land kamen, den Herrn von Espinay, seine Ranzion zu bestimmen; er könne nicht weiter und habe dringende Geschäfte in England. Einer von seinen Leuten nahm den Letztern auf die Seite und sagte ihm, daß Dudley in die Tochter des Grafen von Bedfort verliebt und auch alles in Richtigkeit sei, sie zu heirathen. Als Espinay dieses hörte, sagte er ihm, daß er gehen könne, wenn es ihm beliebe; er verlange nur von ihm, des Hauses Espinay eingedenk zu sein, die nicht in Krieg ziehen, um reich zu werden, denn sie hätten schon genug, sondern um Ehre zu erwerben und den alten Ruhm ihrer Familie zu befestigen. Doch wolle er gerne von ihm vier der schönsten englischen Stuten annehmen; eine Großmuth, über welche Dudley nicht wenig verwundert war.

Die deutschen Fürsten beschlossen zu Augsburg, eine Gesandtschaft nach Frankreich zu schicken, um den König zu bewegen, ihnen gegen den Kaiser (Karl V.) beizustehen, der einige Fürsten hart gefangen hielt und sie schmählich behandelte. Die Gesandtschaft bestand aus dem Herzog von Simmern, dem Grafen von Nassau, dessen Sohn, dem nachher so berühmten Prinzen Wilhelm von Oranien, und andern vornehmen Herren und Gelehrten. Man schickte ihnen bis St. Dizier entgegen und verschaffte ihnen alle Bequemlichkeiten nach ihrer Art; denn sie reisten nur fünf, sechs Stunden des Tages, und zwar vor der Mittagsmahlzeit, bei der sie dann immer bis neun oder zehn Uhr des Nachts sitzen blieben; während dieser Zeit durfte man ihnen nicht mit Geschäften kommen. Sie hatten auch mit Fleiß diese Route gewählt, um sich recht satt zu trinken, denn von St. Dizier bis Fontainebleau kommt man durch die besten Weingegenden von Frankreich.

Vieilleville wurde, als sie zwei Stunden von Fontainebleau in Moret sich ausruhten, zu ihnen geschickt, um sie im Namen des Königs zu bewillkommen, welches der ganzen Gesandtschaft sehr wohl gefiel, besonders da er sie sehr gut bewirthete. Er erfuhr daselbst, daß der Graf Nassau ein Verwandter von ihm sei; dieser wendete sich besonders an ihn, da er sehr gewandt in Geschäften war und auch die französische Sprache gut redete. Eines Tages, da Vieilleville Viele von der Gesandtschaft zum Mittagsessen hatte, unter andern auch zwei Beisitzer des kaiserlichen Kammergerichts zu Speier und die Bürgermeister von Straßburg und Nürnberg, nahm der Graf Nassau Vieillevillen bei Seite, um ihn genauer von ihrer Sendung zu unterrichten. Diese Unterredung dauerte beinahe eine Stunde, als die vier Richter und Bürgermeister ungeduldig wurden und mit dem Grafen in einem sehr rauhen Ton anfingen deutsch zu reden. Dieser aber machte ihren Zorn auf eine sehr geschickte Art lächerlich, indem er ganz laut auf Französisch, welches sie nicht verstanden, sagte:»Wundern Sie sich nicht, meine Herren, daß diese Deutschen so aufgebracht sind, denn sie sind nicht gewohnt, so bald vom Tisch aufzustehen, nachdem sie so vortrefflich gegessen und so köstlichen Wein getrunken haben.«

Vieilleville hinterbrachte dem König alles, wie er es gefunden und gehört hatte. Dieser war so wohl damit zufrieden, daß er ihn den andern Morgen rufen ließ und ihn zum Mitglied des Staatsraths ernannte. Die Gesandten hatten eine feierliche Audienz bei dem König, und gleich darauf wurde Staatsrath gehalten, worinnen Heinrich II. vortrug, wie wenig rathsam es sei, Krieg mit dem Kaiser anzufangen. Nach dem König nahm sogleich der Connetable von Montmorency außer der Ordnung das Wort und stimmte gegen den Krieg; ihm folgten die Uebrigen, bis die Reihe an Vieillevillen kam, der der ganzen Versammlung auf eine sehr bündige Art vorstellte, wie es die Ehre der Krone erfordere, den deutschen Fürsten beizustehen. Er eröffnete sodann dem König in geheim, was ihm der Graf Nassau anvertraut hätte, daß nämlich der Kaiser sich in Besitz von Metz, Toul, Verdun und Straßburg setzen wollte, welches dem König sehr nachtheilig sein würde. Der König sollte daher ganz in der Stille sich dieser Städte, die eine Vormauer gegen die Champagne und Picardie waren, bemächtigen.»Und was den Vorwurf betrifft, Herr Connetable,«indem er sich zu ihm wendete,

»den Sie so eben bei Ablegung Ihrer Stimme geäußert, daß die Deutschen eben so oft ihren Sinn ändern, als ihren Magen leeren, und leicht eine Verrätherei hinter ihrem Anerbieten stecken könne, so wünschte ich lieber mein ganzes Vermögen zu verlieren, als daß ihnen dieses zu Ohren käme; denn wenn solche souveräne Fürsten, wie diese sind, davon einer dem Kaiser bei seiner Wahl den Reichsapfel, der die Monarchie anzeigt, in die linke Hand, der andere den Degen, um sich zu schützen, in die rechte gibt und der dritte ihm die kaiserliche Krone aufsetzt, weder Treu noch Glauben halten, unter was für einer Race Menschen soll man diese denn finden?«

Auf dieses wurde auch der Krieg beschlossen, und zu Ende des März 1552 sollte die Armee auf der Grenze von Champagne beisammen sein, welches auch mit unglaublicher Geschwindigkeit geschah. Der Connetable nahm durch Kriegslist Metz weg, und kurz darauf hielt der König daselbst seinen Einzug. Bei dieser Gelegenheit musterte er seine Armee und fand unter andern fünfhundert Edelleute, die er nie hatte nennen hören, sehr gut equipiert. Der König übergab dieses schöne Corps dem jungen Espinay, Vieillevilles Tochtermann, welcher auch an der Spitze desselben tapfre Thaten verrichtete.

Die Einnahme von Metz war aber auch die einzige Frucht dieser Ausrüstung, denn die andern Städte waren aufmerksam geworden, und man fand sie gerüstet. Auch ließen die deutschen Fürsten den König wissen, daß ihr Friede mit dem Kaiser gemacht sei. Dieser letztere hatte sich kaum der einheimischen Feinde entledigt, als er mit einer zahlreichen Armee gegen Straßburg rückte, den Franzosen die eroberten Grenzstädte wieder wegzunehmen. Auf das erste Gerücht dieses Einfalls warf sich der Herzog von Guise mit einem zahlreichen tapfern Adel in die Stadt Metz, auf welche man den Hauptangriff erwartete. Verdun bekam der Marschall von St. André zu vertheidigen, und in Toul, wohin der König den Herrn von Vieilleville bestimmt hatte, hatte sich der Herzog von Nevers geworfen, ohne einen königlichen Befehl dazu abzuwarten. Der König ließ es auch dabei, so gern er Vieilleville belohnt hätte, und schickte diesen nach Verdun, um dem Marschall von St. André, dessen Lieutenant er noch immer war, bei Verteidigung dieser Stadt gute Dienste zu leisten.

Vieilleville ließ Verdun sehr befestigen, allein zu seinem größten Verdruß erfuhr man, daß der Herzog von Alba nicht auf diesen Platz losgehen würde, sondern die Belagerung von Metz angefangen hätte. Er nahm sich daher vor, die kaiserliche Armee, die sich wegen ihrer Größe sehr ausdehnen mußte, so viel möglich im Freien zu beunruhigen und sie in enge Grenzen einzuschließen. Auch that er dem Feind durch einige unvermuthete Ueberfälle vielen Schaden. Er erfuhr, daß die Stadt Estain in Lothringen, welches Land vom Kaiser und den Franzosen für neutral erklärt war, den Kaiserlichen viele Lebensmittel zuführte, und beschloß daher, sich von Estain Meister zu machen. Er kam vor die Thore, nur von zwölf Edelleuten zu Pferde begleitet, deren jeder einen Bedienten bei sich hatte; er selbst hatte vier Soldaten, als Bediente gekleidet, bei sich. Ein kleines Corps ließ er in einiger Entfernung ihm nachkommen, das auf den Ruf der Trompete herzueilen sollte. Vor dem Thore ließ er den Maire und den Amtmann rufen und machte ihnen Vorwürfe, daß sie die Feinde der Krone unterstützten. Sie entschuldigten sich damit, daß sie thun müßten, was ihre Herrschaft ihnen beföhle und das Beste ihrer Unterthanen mit sich brächte, die ihre Landesprodukte gern mit Vortheil an Mann bringen wollten. »Und wie,« sagte Vieilleville,» können wir nicht auch etwas für unser Geld haben?«– O! warum nicht, antworteten sie. –»Nun, so geht,« befahl er den Bedienten,»und holt für uns und unsere Pferde für sechs Thaler. Blas, Trompeter, unterdessen ein lustiges Stückchen, denn bald werdet ihr euch etwas zu gute thun.« Die wenigen Lanzenknechte, so der Amtmann bei sich hatte, wollten zwar den Bedienten den Eingang streitig machen, aber sie wurden übel zusammengestoßen. Die vier Soldaten stiegen sogleich auf das Fallgatter, daß es nicht herunter gelassen werden konnte. Jetzt waren schon die zwölf Pferde in dem Thor, und nun kam auch das Corps an, drang mit in die Stadt, und so waren sie Meister derselben. Zehn bis zwölf Spanier, unter andern ein Verwandter des Herzogs von Alba, waren bei dem Amtmann, hatten aber Lärm gehört und über die Stadtmauer sich gerettet. Vieilleville war so aufgebracht darüber, daß er den Neffen des Amtmanns, der ihnen durchgeholfen hatte, aufhängen ließ.

Sechs Tage nach dieser Expedition überfiel er das Dorf Rougerieules, worin fünf Compagnien Lanzenknechte und eben so viele Schwadronen Reiter lagen. Die Deutschen in dem Dorfe wurden überfallen und alle niedergemacht oder gefangen. Des Morgens um sieben Uhr war alles vorbei und Vieilleville schon wieder auf dem Weg, so daß, als ein Theil der Armee des Markgrafen Albert von Brandenburg gegen ihn ausrückte, sie nur das leere Nest fanden.

Vieilleville ging nach Verdun zurück, um seinen Leuten und sich Ruhe zu gönnen, denn er war drei Wochen lang bei strenger Kälte in kein Bette gekommen, hatte auch die Kleider nicht abgelegt. Es freute ihn sehr, als er in die Hauptkirche von Verdun kam, die Fahnen, welche er dem Feinde abgenommen und dem Marschall von St. André geschickt hatte, rechts und links in zwei Reihen hangen zu sehen. Er fügte diesen noch die letzt eroberten eilf Fahnen und Standarten bei, und so überschickten sie dem König zwei und zwanzig Stücke.

Kaum waren aber acht Tage verflossen, so kam ein Courier vom König an Vieilleville, durch den er Befehl erhielt, sich nach Toul zum Herzog von Nevers zu begeben und diesem beizustehen, indem zu befürchten sei, daß der Kaiser, der mit Metz nicht fertig werden könnte, Toul belagern würde. Er möchte so viel Volk als möglich aus Verdun mit sich nehmen, um den Herzog zu verstärken, ohne jedoch den Marschall von St. André zu sehr zu schwächen, denn man wußte noch nicht eigentlich, welchem von beiden Plätzen es gälte. Vieilleville nahm nur wenig Mannschaft mit sich und ließ die erfahrensten Capitäns bei dem Marschall.

Gleich den andern Tag war Conseil bei dem Herzog von Nevers, worin beschlossen wurde, den Albanesern und Italienern, die in Pont-à-Mousson in sehr starker Anzahl lägen, auf alle nur mögliche Art zu Leibe zu gehen und ihren Streifereien ein Ende zu machen. Vieilleville erbot sich, mit seinen aus Verdun mitgebrachten Soldaten den Anfang zu machen, und versprach, die Räubereien, welche jene Garnison verübt hatte, reichlich zu vergelten. Er schickte gleich nach obiger Beratschlagung einen seiner Vertrauten und Spionen, deren er zwei bei sich hatte, heimlich nach Pont-à-Mousson, wohl unterrichtet von dem, was er bei den Fragen, die man an ihn thun würde, antworten sollte, und auf was er sorgfältig zu merken habe. Er sollte vorgeben, als gehörte er zum Hause der verwittweten Herzogin von Lothringen, Christine, einer Nichte des Kaisers, und habe von ihr Aufträge ins kaiserliche Lager. Er ging spät aus, um eine gültige Entschuldigung zu haben, daß er diesen Tag nicht weiter reiste, damit er die Stärke der Feinde und was sie im Werk haben könnten, desto eher entdecken möchte. Dieser gewandte und entschlossene Mensch machte sich also, ohne daß Jemand etwas davon wußte, mit seiner gelben Schärpe, die das lothringische Zeichen der Neutralität war, auf den Weg und kam in weniger als drei Stunden vor den Thoren von Pont-à-Mousson an. Man fragte ihn, wo er herkomme? wo er hin wolle? was er zu verrichten und ob er Briefe habe? Er verlangte, vor die Befehlshaber geführt zu werden, so gewiß war er seiner Antworten. Da er vor sie kam (es waren diese Don Alphonso d'Arbolancqua, ein Spanier, und Fabricio Colonna, ein Römer), wußte er ihnen auch auf alles so schicklich zu antworten, daß sie ihn nicht fangen noch seine eigentliche Bestimmung entdecken konnten. Er bat sich nun die Erlaubniß aus, in sein Logis zu gehen, und fragte, ob sie nichts bei Sr. kaiserlichen Majestät zu bestellen hätten? Er hoffe, morgen dort zu sein, und würde ihnen treue Dienste leisten.

Sie fragten ihn, da er durch Toul gereist sei, ob er nicht wisse, daß Truppen von Verdun angekommen, die ein gewisser Vieilleville angeführt. Hierauf fing er an:»O diese verdammte französische Kröte! Neulich ließ er zu Estain, das er überfiel, einen meiner Brüder hängen, der bei meinem Onkel, dem Amtmann, war, weil er Spaniern über die Stadtmauer geholfen hatte. Daß ihn die Pest treffe! Mich kostet es mein Leben, oder ich räche mich an ihm; denn die Ungerechtigkeit war zu groß, da wir doch alle verbunden sind, dem Herrn, dem wir dienen, alles zu thun, wie dies der Fall bei dem Kaiser und meiner Gebieterin ist. Denn wenn zwei dieser Herren wären gefangen worden, so hätte man viele heimliche Geschäfte von Sr. kaiserlichen Majestät erfahren. Und dieser Wütherich hat meinen armen Bruder tödten lassen, und er hatte keine weitere Farbe, seine Uebelthat zu beschönigen, als daß sie die Neutralität gebrochen hätten. Verdammt sei er auf ewig!«

Fabricio Colonna und Don Alphonso, die um Vieillevilles Expeditionen recht gut wußten und besonders diesen letzten Umstand kannten, merkten hoch auf. Sie nahmen ihn bei Seite und versprachen ihm, den Tod seines Bruders zu rächen, wenn er thun würde, was sie ihm sagten. Er antwortete darauf, daß er auch sein Leben dabei nicht schonen würde; aber er bitte sie, vorher zum Kaiser gehen zu dürfen, um die Botschaft seiner Gebieterin zu überbringen. Sie fragten ihn, warum er keine Briefe habe. »Weil,« sagte er, »meine Botschaft gewisse Staatsgeheimnisse des Königs von Frankreich enthält. Würde ich nun mit Briefen ertappt, so könnte ich die ganze Provinz ins Unglück stürzen, denn durch dieses ist die Neutralität verletzt, und ich wäre in Gefahr, gehangen oder wenigstens gefoltert zu werden.« Sie ließen sich mit diesem zufrieden stellen und, da sie ihn schon gewonnen glaubten, ihn in sein Logis zurückführen, mit dem Befehl, ihm das Thor von Metz mit dem frühesten Morgen zu öffnen, ohne sich um seine Geschäfte zu bekümmern.

Mit Anbruch des Tages zeigt er sich am Thor, das ihm auch ohne weiteres Nachfragen geöffnet wird. Er geht ins Lager, bleibt daselbst den ganzen Tag und weiß den Herzog von Alba so einzuschläfern, daß er sogar einen Brief von ihm an Fabricio und Alphonso, ihre Geschäfte betreffend, erhält, worin ihnen besonders aufgetragen wird, auf einen gewissen französischen Befehlshaber, Namens Vieilleville, der dem Lager des Markgrafen Albert sehr vielen Schaden zugefügt und jetzt sichern Nachrichten zufolge seit zwei Tagen mit Truppen in Toul angekommen, aufmerksam zu sein. Vorzüglich befahl man ihnen den Ueberbringer dieses Briefes an, dessen Eifer für den Dienst Seiner Majestät bekannt sei. Sie sollten daher keinen Anstand nehmen, ihn zu gebrauchen.

Gleich nach Empfang des Briefes lobten ihn diese spanischen Herren sehr und sagten ihm, daß er gar nicht nöthig gehabt hätte, das Certificat seiner Treue vom Herzog von Alba mitzubringen, denn seit gestern schon hätten sie sich durch seine Reden überzeugt, daß er kaiserlich gesinnt sei. Wenn er reich werden wollte, sollte er nur alles Mögliche anwenden, den Feldherrn Vieilleville, der dem Lager des Markgrafen so geschadet habe, in ihre Hände zu bringen. Er antwortete darauf, daß er nichts anderes verlange, wenn er es dahinbringe, als daß er ihn umbringen dürfe, damit er ihm das Herz aus dem Leibe reiße, um sich wegen Ermordung seines Bruders zu rächen. Er forderte sie noch dazu auf, ihm als treuem Diener des Kaisers mit Macht bei dieser Unternehmung beizustehen, denn sein Bruder sei im Dienst Sr. kaiserlichen Majestät gehängt worden.

Sie, die diesen Eifer mit Thränen begleitet sahen, denn diese hatte er in seiner Gewalt, zweifelten nun gar nicht mehr, umarmten ihn, und Don Alphonso will ihm eine goldene Kette, fünfzig Thaler werth, umhängen; aber er verwirft dieses Geschenk mit Unwillen und sagt: daß er nie etwas von ihnen nehmen würde, wenn er nicht dem Kaiser einen ausgezeichneten Dienst geleistet und bei einer andern Gelegenheit als hier, wo sein eigenes Interesse am meisten im Spiel sei, denn er habe hier sein eigen Blut zu rächen. Zugleich bat er sie, nicht weiter in ihn zu dringen und ihm nur freie Hand zu lassen. Nur sollten sie ihm jetzt erlauben, sich seiner guten Gebieterin sogleich zu zeigen; er verspreche, auf seiner Rückkunft ihnen gute Nachrichten zu bringen.

Eine so edelmüthige Weigerung, das Geschenk anzunehmen, und alle die schönen Worte brachten Don Alphonso und Fabricio ganz in die Schlinge, so daß sie seine Treue gar nicht mehr in Zweifel zogen. Sie ließen ihn jetzt abreisen, um ihn bald wieder zu sehen.

Er machte sich nun sogleich auf den Weg und kam zu Vieilleville zurück, der ihn schon für verloren hielt, denn er war schon drei Tage ausgeblieben. Die Nachrichten, welche er mitbrachte, gaben jenem eine kühne und seltsame Kriegslist ein, welche er auch sogleich ins Werk setzte, ohne einen Menschen dabei zum Vertrauten zu machen. Er instruiert ihn, nach Pont-à-Mousson zurückzugehen und den Spaniern zu hinterbringen, daß Vieilleville mit Anbruch des Tages nach Condé sur Mozelle reiten würde, um mit seiner Gebieterin, die daselbst sich aufhielt, Unterhandlungen zu pflegen; denn die Herzogin fürchte, wenn der Krieg zwischen Frankreich und dem Kaiser noch lange dauern sollte, man möchte ihren Sohn das Piemonteser Stückchen tanzen lassen (ihn wie den Herzog von Savoyen um sein Land bringen); er solle aber ja sich der nämlichen Worte bedienen. Er solle noch hinzusetzen, daß Vieilleville, der die Garnison von Pont-à-Mousson fürchte, hundert und zwanzig Pferde, und darunter einige gepanzerte, zur Begleitung mit sich nehmen würde. Er brauche übrigens gar nicht sehr zu eilen, damit Vieilleville Zeit habe, seine Anstalten zu machen, und könne er nur den gewöhnlichen Schritt seines Pferdes reiten.

Des Nachts um eilf Uhr ritt der Kundschafter weg und kam um zwei Uhr nach Mitternacht bei den Spaniern in Pont-à-Mousson an, welche durch seinen Bericht in ein frohes Erstaunen gesetzt werden. Mit möglichster Schnelligkeit machen sie ihre Anstalten, diesen glücklichen Fang zu thun, an dem sie gar nicht mehr zweifelten. Die ganze Garnison, die noch einmal so stark war, als der Feind, dem man sie entgegenführte, mußte ausreiten, so daß nur etwa fünfzig Schützen in der Stadt zurückblieben, und man hielt sich des Sieges schon für gewiß.

Vieilleville hatte indessen, sobald der Kundschafter aus den Thoren von Toul war, alle seine Hauptleute bei dem Herzog von Nevers zusammenberufen und ihnen erklärt, daß er ein muthiges Unternehmen vorhabe, wobei sie sich aber nicht verdrießen lassen müßten, zehn Stunden zu Pferde zuzubringen. Er versicherte ihnen, es würde dabei etwas herauskommen und sie viel Ehre und Vortheil davon tragen. Alle waren es zufrieden und machten sich sogleich bereit. Sie zogen aus der Stadt aus, ritten dritthalb Stunden lang bis an die Brücke, gegen das Holz von Rouzières. Hier vertheilte Vieilleville die Truppen und legte sie an verschiedene Plätze in Hinterhalt. Er selbst hielt mit hundert und zwanzig Pferden die Ebene, und alles, was ihm in den Weg kam, arbeitende Landleute oder Wanderer, wurde festgehalten, damit der Feind nichts erfahren könnte. Sobald man den Feind sähe, sollte man machen, was er mache; die Trompeter sollten auf Gefahr ihres Kopfes nicht blasen, bis er es beföhle. Noch muß man bemerken, daß er in der Abwesenheit seines Kundschafters sich in der ganzen Gegend umgesehen hatte, um die Lage recht inne zu haben, wo er als ein erfahrner Soldat seinen Hinterhalt am besten anlegen könnte.

Nachdem alles auf diese Weise angeordnet war, verflossen kaum drei Stunden, als der Feind sich zeigte. »Wenden wir uns um nach Toul zurück,« sagte Vieilleville, »als wenn wir fliehen wollten, jedoch in langsamem Schritte, und fangen sie an, uns in Galopp zu verfolgen, so galoppieren wir auch, bis sie an unserm Hinterhalt vorbei sind. Geschieht dieses, so sind sie unser, ohne daß wir nur einen Mann verlieren.«

Der Feind, der sie fliehen sah, setzte ihnen in starkem Galopp nach mit einem schrecklichen Siegesgeschrei. So wie sie den Hinterhalt hinter sich haben, kommandiert Vieilleville: Halt! und läßt den Trompeter blasen. Zugleich machen sie Fronte gegen den Feind und rüsten sich zum Angriff. Augenblicklich bricht nun auch der Hinterhalt hervor, hundert und zwanzig Pferde von der einen Seite, fünfzig leichte Reiter von der andern, von einer dritten zweihundert Schützen zu Pferde, die unter einem unglaublichen Schreien und Trommelgetöse in vollem Rennen dahersprengen, welches die Feinde so überraschte, daß sie ganz bestürzt: Tradimento! tradimento! riefen. Unterdessen warf Vieilleville alles nieder, was ihm entgegen kam. Schüsse fielen von allen Seiten, daß man nur schreien hörte: Misericordia, Signor Vieillevilla ... Buona Guerra, Dignori Francesi. Der Kugelregen warf in ganzen Haufen Menschen und Pferde dahin, so daß Vieilleville das Gefecht und Gemetzel aufhören ließ, und der übriggebliebene Theil ergab sich, nachdem er die Waffen weggeworfen, auf Gnade und Ungnade. Zweihundert und dreißig blieben auf dem Platz, und fünf und zwanzig wurden verwundet, unter denen auch der Anführer Fabricio Colonna sich befand. Die Uebrigen blieben gefangen, und kam auch nicht ein Einziger davon, der das Unglück seiner Kameraden nach Pont-à-Mousson hätte berichten können.

Nach dieser tapfern und siegreichen Unternehmung schickte Vieilleville einen Theil seiner Leute, nebst dem gefangenen feindlichen Anführer, zum Herzog von Nevers zurück; die andern Verwundeten oder Gefangenen aber wurden an einen sichern Ort gebracht. Die drei erbeuteten Standarten, ließ er dem Herzog sagen, könne er noch nicht mitschicken, da er sie zu einer Unternehmung nöthig habe, die ihm in dem Augenblick in den Sinn käme. Als man in ihn drang, zu sagen, was dies für ein Unternehmen sei, antwortete Vieilleville: er sei keiner von den Thoren, die das Bärenfell verkaufen, ehe sie ihn gefangen haben. Auch wollte er es nicht machen, wie Fabricio Colonna, der ihn an seinen Kundschafter geschenkt habe, um ihn zu tödten, und jetzt selbst von seiner Gnade abhänge.

Nachdem Jene weggeritten, rief Vieilleville seinen Kundschafter und sagte ihm:»Nimm meine weiße Standarte, meinen Kopfhelm und meine Armschienen, und gehe nach Pont-à-Mousson. Bist du eine Viertelstunde von der Stadt, so fange an zu galoppieren und rufe Victoria, sage, daß Colonna den Vieilleville und sein ganzes Corps geschlagen, und daß er ihn mit dreißig oder vierzig andern französischen Edelleuten gefangen bringe. Zeige ihnen zum Wahrzeichen meine Waffen. Hier hast du vier unbekannte Diener, die dir sie tragen helfen. Nimm noch einen Bündel zerbrochener Lanzen mit dem weißen französischen Fähnchen, um deine Rede zu unterstützen. Zeige ihnen ein recht fröhliches Gesicht und schimpfe auf mich, was du nur immer kannst, daß du in zwei Stunden mein Herz aus dem Leibe sehen müßtest, wenn ich es nicht mit zehntausend Thalern auslöste. Vergiß aber nicht, sobald du im Thor bist, auf dasselbe zu steigen, als wollest du meine Feldzeichen daselbst aufhängen, und halte dich bei den Fallrechen und Fallbrücken auf, daß man sie nicht niederlasse. Gott wird das Weitere thun.«

Suligny, so hieß der Kundschafter, machte sich frisch auf, um seinen Auftrag zu vollziehen, dem er auch pünktlich nachkam. Unterdessen befiehlt Vieilleville allen seinen Lanzenknechten und Schützen, das weiße Feldzeichen zu verbergen und die rothen Schärpen der Todten und sonst alles, was sie von kaiserlichen oder burgundischen Zeichen an sich tragen, anzulegen. Von den eroberten spanischen Standarten gab er eine dem Herrn von Montbourger, die andere dem von Thuré und die dritte dem von Mesnil-Barré, mit dem Befehl, alle Die, so aus der Stadt herauskämen, um die französischen Gefangenen zu sehen, umzubringen, wenn es nicht Einwohner seien. Vergäße aber Don Alphonso sich so sehr, daß er selbst den Platz verließe, um dem Colonna über einen so wichtigen Sieg Glück zu wünschen, so sollten sie ihn festhalten und entwaffnen, ohne ihm jedoch etwas anders zu Leid zu thun. »Jetzt voran im Namen Gottes,« sagte er, »die Stadt ist unser, wenn sich Niemand verräth.«

Jedermann stand erstaunt da, denn er hatte sich Niemanden vorher entdeckt, und wußte man nicht, was er im Schilde führte, als er den Kundschafter abschickte. Dieser sprengte, sobald er sich der Stadt näherte, mit seinen vier Waffenträgern im Galopp an und rief: »Victoria, Victoria! der verdammte Hund von Franzmann, der Vieilleville, und seine Leute alle sind geschlagen. Fabricio führt ihn gefangen dem Don Alphonso zu. Hier sind seine Waffen, seine Armschienen, sein Feldzeichen. Mehr als hundert Todte liegen auf dem Platz, die andern alle sind geschlagen oder verwundet. Man hätte sie alle sollen in Stücke hauen, wenn es nach meinem Sinn gegangen wäre. Victoria! Victoria!«

Die Freude unter den Soldaten war so groß, daß die wenigen, so zurückgeblieben, die Zeit nicht erwarten konnten, Vieilleville zu sehen und Fabricio alle Ehre zu erzeigen, denn man zweifelte gar nicht an der Wahrheit. Don Alphonso, sobald er die Waffen und Armschienen, eines Prinzen würdig, so viele Lanzenstücke und weiße Standarten sah, fragte weiter nicht, sondern setzte sich zu Pferde und ritt, begleitet von zwanzig Mann, dem Fabricio entgegen. Orvaulx und Olivet, ganz roth gekleidet, kommen ihm mit dem Geschrei entgegen: Victoria, Victoria! los Franceses son todos matados (die Franzosen sind alle getödtet). Alphonso, dem dieses Geschrei und die Sprache gar wohl gefiel, ging immer vorwärts. Auf einmal fallen sie über ihn her, umringen ihn, machen alles nieder, was er bei sich hat, selbst die Bedienten, und nehmen ihn gefangen. Es kamen der Reihe nach immer mehrere nach, aber alle hatten dasselbe Schicksal.

Nun befahl Vieilleville dem Mesnil-Barré, dem Don Alphonso die Standarte, welches gerade die von seiner Compagnie war, in die Hand zu geben und ihn zwischen den zwei andern reiten zu lassen. Einer, Namens le Grec, der spanisch redete, mußte ihm sagen, daß, wenn er bei Annäherung gegen die Stadtthore nicht Victoria schriee, er eine Kugel vor den Kopf bekäme. Mesnil-Barré sollte dieses ausführen. Alles fing jetzt an zu galoppieren, als man einen Büchsenschuß vor den Thoren war. Le Grec war voran, der auf spanisch Wunder erzählte, so daß die Garnison, die echt Spanisch war, als sie Alphonso unter den Galoppierenden und Schreienden sah, Platz machte und alles herein ließ. Man ließ ihnen aber nicht mehr Zeit, die Brücke aufzuziehen, denn plötzlich änderte man die Sprache und hieb sie alle zusammen. France! France! wird jetzt gerufen. Die Schützen kommen auch dazu und besetzen die Thore, und so ist Vieilleville Herr der Stadt. Man fand in derselben einen unerwartet großen Vorrath von Proviant, welchen die verwittwete Herzogin von Lothringen durch den Fluß heimlich hatte hinschaffen lassen, um unter der Hand die Armee des Kaisers, ihres Onkels, davon zu erhalten.

Was Don Alphonso anbetrifft, so fand man ihn den andern Morgen ganz angekleidet todt auf seinem Bette ausgestreckt. Vincent de la Porta, ein neapolitanischer Edelmann, dem er von Vieilleville übergeben worden, hatte ihn nicht dahin bringen können, sich auszukleiden, ob er gleich sehr in ihn drang. Die Kälte konnte nicht Schuld an seinem Tode sein, denn der Edelmann und sechs Soldaten, mit denen er die Wache hielt, unterhielten im Zimmer ein so großes Feuer, daß man es kaum darin aushalten konnte. Es war Verzweiflung und Herzeleid, sich so leichtsinnig in die Falle gestürzt zu haben, was ihm das Leben gewaltsamer Weise nahm. Dazu kam noch die Schande und die Furcht, vor seinem Herrn jemals zu erscheinen, der ohnedem schon gegen alle Feldherren und vornehmen Officiere seiner Armee aufgebracht war, wie ihm der Herzog von Alba den Tag vor seiner Gefangennehmung geschrieben hatte; denn dieses war der Inhalt des Briefs, den le Grec ins Französische übersetzte, wo einige lächerliche Züge vorkommen. Der Brief fing nach einigen Eingangscomplimenten also an:

»Der Kaiser, der wohl wußte, daß die Bresche (vor Metz) ziemlich beträchtlich sei, aber keiner seiner Officiere sich wagte hineinzudringen, ließ sich von vier Soldaten dahin tragen und fragte, da er sie gesehen, sehr zornig: ›Aber um der Wunden Gottes willen! warum stürmt man denn da nicht hinein? Sie ist ja groß genug und dem Graben gleich, woran fehlt es denn bei Gott?‹ Ich antwortete ihm, wir wüßten für gewiß, daß der Herzog von Guise hinter der Bresche eine sehr weite und große Verschanzung angelegt habe, die mit unzähligen Feuerschlünden besetzt sei, so daß jede Armee dabei zu Grunde gehen müßte. ›Aber beim Teufel!‹ fuhr der Kaiser weiter fort, ›warum habt Ihr's nicht versuchen lassen?‹ Ich war genöthigt, ihm zu antworten, daß wir nicht vor Düren, Ingolstadt, Passau, noch andern deutschen Städten wären, die sich schon ergeben, wenn sie nur berennt sind, denn in dieser Stadt seien zehntausend brave Männer, sechzig bis achtzig von den vornehmsten französischen Herren und neun bis zehn Prinzen von königlichem Geblüt, wie Se. Majestät auf den blutigen und siegreichen Ausfällen, bei denen wir immer viel verloren, ersehen könnten. Auf diese Vorstellungen wurde er nur noch zorniger und sagte: ›Bei Gott, ich sehe wohl, daß ich keine Männer habe; ich muß Abschied von dem Reich, von allen meinen Planen, von der Welt nehmen und mich in ein Kloster zurück ziehen; denn ich bin verrathen, verkauft, oder wenigstens so schlecht bedient, als kein Monarch es sein kann; aber bei Gott, noch ehe drei Jahre um sind, mach' ich mich zum Mönch.‹

»Ich versichere Euch, Don Alphonso, ich hätte sogleich seinen Dienst verlassen, wenn ich kein Spanier wäre. Denn ist er bei dieser Belagerung übel bedient worden, so muß er sich an Brabancon, Feldherrn der Königin von Ungarn, halten, der diese Belagerung hauptsächlich commandiert und gleichsam als ein Franzose anzusehen ist, so wie auch die Stadt Metz im französischen Klima liegt; und rühmte er sich überdies, ein Verständniß mit vielen Einwohnern zu haben, unter denen die Tallanges, die Baudoiches, die Gornays, lauter alte Edelleute der Stadt Metz, seien. Auch haben wir die Stadt von ihrer stärksten Seite angegriffen, unsere Minen sind entdeckt worden und haben nicht gewirkt. So ist uns alles übel gelungen und gegen alle Hoffnung schlecht von Statten gegangen. Wir haben Menschen und Wetter bekriegen müssen. Er bereut es nicht und bleibt dabei, und um seine Halsstarrigkeit zu decken, greift er uns an und wirft auf uns alles Unglück und seine Fehler. Alle Tage sieht er sein Fußvolk zu Haufen dahinstürzen und besonders unsere Deutschen, die im Koth bis an die Ohren stecken. Schickt uns doch ja die eilf Schiffe mit Erfrischungen, die uns Ihre Durchlaucht von Lothringen bestimmt haben, denn unsere Armee leidet unendlich. Vor allem andern aber seid auf Eurer Hut gegen Vieilleville, der von Verdun nach Toul mit Truppen gekommen, denn der Kaiser ahnet viel Schlimmes, da er schon lange her seine Tapferkeit und Verschlagenheit kennt, so daß er sogar sagt, ohne ihn wäre er jetzt König von Frankreich; denn als er in die Provence, ins Königreich eingedrungen, sei Vieilleville ihm zuvorgekommen und habe sich durch eine seine Kriegslist von Avignon Meister gemacht, daß der Connetable seine Armee zusammenziehen konnte, die ihn hinderte, weiter vorzudringen. Ich gebe Euch davon Nachricht, als meinem Verwandten, denn es sollte mir leid thun, wenn unsere Nation, die er jedoch weniger begünstigt und in Ehren hält als andere, dem Herrn mehr Ursache zur Unzufriedenheit gäbe u. s. f.« Nach Lesung dieses Briefs war es klar, welches die wahre Ursache seines Todes gewesen, denn Alphonso hatte gegen alle darin enthaltenen Punkte gefehlt.

Der Herzog von Nevers kam auf diese Nachrichten selbst vor den Thoren von Pont-à-Mousson an, eben da man sich zum Mittagsessen setzen wollte. Vieilleville ging ihm sogleich entgegen; es wurde beschlossen, einen Courier an den König abzuschicken, dem man auch den Brief des Herzogs von Alba an Don Alphonso mitzugeben nicht vergaß. Einen andern Kundschafter, mit Namen Habert, schickte man ins kaiserliche Lager, um aufmerksam zu sein, wenn der Herzog von Alba etwas gegen Pont-à-Mousson unternehmen würde, denn die Stadt war sehr schlecht befestigt, und Vieilleville war der Meinung, sie lieber sogleich zu verlassen, als zu befestigen, um die Neutralität nicht zu verletzen und dem Kaiser keine Ursache zu geben, sich der andern Städte von Lothringen zu versichern.

Den andern Tag schlug Vieilleville vor, unter dem Schutz der kaiserlichen Feldzeichen einige Streifereien in der Gegend vorzunehmen und so die Feinde anzulocken. Der Herzog von Nevers wollte, aller Widerrede ungeachtet, dabeisein; doch überließ er Vieilleville alle Anstalten und das Commando. Sie zogen mit ungefähr vierhundert Mann aus und machten auf dem Weg viele Gefangene, da einige feindliche Trupps ihnen in die Hände ritten, die sie für Spanier und Deutsche hielten. So kamen sie bis Corney, den halben Weg von Pont-à-Mousson nach Metz und nur zwei kleine Stunden vom kaiserlichen Lager. Da sie hier nichts fanden, trug Vieilleville, ungeachtet sie nicht sicher waren, dennoch darauf an, noch eine halbe Stunde weiter vorwärts zu gehen. Auf diesem Weg trafen sie ein großes Convoi von sechzig Wägen unter einer Bedeckung von zweihundert Mann an, die ihnen alle in die Hände fielen. Jetzt war es aber zu spät, um nach Pont-à-Mousson zurückzukommen, denn sie waren auf vier Stunden entfernt, und es schneite außerordentlich stark. Es wurde daher beschlossen, in Corney zu übernachten, obgleich ein sehr unbequemes Nachtquartier daselbst war. Gleich den andern Morgen wurde wieder ausgeritten; diesmal traf man auf sechs Wägen mit Wein und andern ausgesuchten Lebensmitteln, welche die Herzogin von Lothringen dem Kaiser, ihrem Onkel, für seine Tafel schickte. Acht Edelleute und zwanzig Mann begleiteten diese Leckerbissen, worunter unter andern zwölf Rheinlachse und die Hälfte in Pasteten waren. Wie sie die rothen Feldzeichen sahen, riefen sie: da kommt die Escorte, so der Kaiser uns entgegen schickt! Wie groß aber war nicht ihr Erstaunen, als sie auf einmal rufen hörten: France! und alle gefangen genommen wurden.

Einer von den gefangenen Edelleuten, Namens Vignaucourt, fragte:»ob dieser Trupp nicht dem Herrn von Vieilleville zugehörte?« Warum? fragte Vieilleville selbst.»Weil er es ist, der Pont-à-Mousson mit den kaiserlichen Feldzeichen eingenommen hat, worüber der Kaiser außerordentlich aufgebracht ist. Ich war gestern bei seinem Lever, und ich hörte ihn schwören, daß, wenn er ihn ertappte, er ihm übel mitspielen wollte. Dieser Verräther Vieilleville, sagte er, hat mit meinem Feldzeichen Pont-à-Mousson weggenommen und mit kaltem Blut meinen armen Don Alphonso umgebracht, auch alle darin befindlichen Kranken tödten lassen und die Lebensmittel, die für mich bestimmt waren, weggenommen. Aber ich schwöre bei Gott dem Lebendigen, daß, wenn er jemals in meine Hände fällt, ich ihn lehren will, solche Treulosigkeiten zu begehen und sich meines Namens, meiner Waffen und Zeichen zu meinem Schaden zu bedienen. Auch der mächtigste und tapferste Fürst müßte auf diese Art hintergangen werden. Er soll versichert sein, daß ihm nichts anders bevorsteht, als gespießt zu werden, und verdamm' ich ihn von diesem Augenblick an zu dieser Strafe, wenn ich ihn bekomme. Und ihr andern, euch mein' ich, die ihr mein Heer commandirt, was für Leute seid ihr, daß ihr nichts gegen diesen Menschen unternehmet? denn ich hörte noch gestern von Jemand, der mir treu ist, daß er noch immer alle Tage mit seinen Soldaten herumstreift in rothen Schärpen mit den spanischen und burgundischen Feldzeichen, unter welchen er viele tausend meiner Leute ermordet, denn Niemand setzt ein Mißtrauen darein. Beim Teufel auch, seid ihr Leute, so etwas zu ertragen, und liegt euch meine Ehre und mein Dienst nicht besser am Herzen? Auf diese zornige Aeußerung entstand unter den Prinzen und Grafen, die in seinem Zimmer waren, ein Gemurmel, und sie entfernten sich voll Zorn. Vieilleville mag sich in Acht nehmen; denn sie sind sehr giftig auf ihn, besonders die Spanier wegen des Don Alphonso d'Arbolancqua, den er auf eine so grausame Art hat umbringen lassen.«

Vieilleville antwortete darauf, daß Don Alphonso auf seinem Bette todt gefunden worden, und Niemand seinen Tod befördert hätte. Vieilleville würde lieber wünschen, niemals gelebt zu haben, als sich einer solchen That schuldig zu wissen. Er fürchte sich jedoch nicht vor des Kaisers Drohungen. Seine Ehre erfordere, zu beweisen, daß es eine Unwahrheit sei, ihn einer solchen Unmenschlichkeit zu beschuldigen. Vignaucourt merkte an diesen Reden, daß Vieilleville mit ihm spreche; auch winkten ihm die Andern zu, daher er nicht weiter fortfuhr.

Auf dieses beschloß Vieilleville, mit dem Herzog von Nevers sich zurückzuziehen. Kaum waren sie eine halbe Stunde von Corney, als Habert einhergesprengt kam und sie warnte, ja nicht in Corney zu übernachten; denn der Prinz von Infantasque käme mit dreitausend

Schützen und tausend Pferden gegen Mitternacht an, indem er dem Kaiser geschworen, Vieilleville lebendig oder todt zu liefern. »Seid willkommen, Habert, Ihr bringt mir gute Botschaft,« sagte er darauf und drang nun in den Herzog von Nevers, sich nach Pont-à-Mousson zurückzuziehen, indem er einen solchen Prinzen nicht der Gefahr aussetzen könne; er selbst aber wolle bleiben und diesen Spanier mit seinen großen Worten erwarten. »Wollet ihr alle, die ihr hier seid,« sprach er dann mit erhöhter Stimme, »meinen Entschluß unterstützen? Auch habt ihr noch nie den Krieg anders geführt als durch List und Ueberfall.« Er nimmt darauf die rothen Standarten und reißt sie in Stücken, befiehlt die spanischen Schärpen zu verbergen und die französischen Zeichen anzulegen. Alle antworteten einmüthig, sie wollten zu seinen Füßen sterben, und zerrissen alles, was sie Rothes an sich hatten. Der Herzog von Nevers stellte ihm vor, daß es eine Verwegenheit sei, in einem Dorfe, das keine Befestigung hätte, wo man von allen Seiten hinein könne, sich zu halten. »Das ist alles eins,« antwortete Vieilleville, »ich weiß, womit ich diese Armee schlage, oder sie wenigstens fortjage. Sehen Sie dort jenes Buschholz und links diesen Wald; in jedes verstecke ich zweihundert Pferde, die sollen ihnen unversehens auf den Leib fallen, wenn sie im Angriff auf unser Dorf begriffen sind, und wenn auch hundert Prinzen von Infantasque da wären, so würden sie davon müssen. Lassen Sie mich nur machen, mit Hilfe Gottes hoffe ich alles gut auszuführen, und in weniger als zwei Stunden will ich gerächt sein.«

Da der Herzog von Nevers sah, daß er nicht abzubringen sei, bestand er darauf, bei dieser Unternehmung zu bleiben, welche Vorstellung ihm auch Vieilleville dagegen machte. Jetzt wurde beschlossen, nach Corney zu gehen, um alles zu veranstalten; sie waren nur noch tausend Schritte davon entfernt, als sie einen Mann durch das grüne Korn daher laufen sahen, worauf sie Halt machten. Es war der Maire von Villesaleron, der ihnen schon gute Dienste geleistet hatte. Dieser sagte, daß sie sich retten sollten, denn auch der Markgraf Albert von Brandenburg rücke mit viertausend Mann Fußvolk, zweitausend Pferden und sechs Kanonen auf das Dorf an. Auf dieses waren sie, zum großen Verdruß von Vieilleville, genöthigt, das Dorf zu verlassen. Die acht lothringischen Edelleute wurden frei gelassen. Noch beim Weggehen sagte Vignaucourt, er wundere sich gar nicht, wenn Vieilleville solche Dinge ausführte, da er so vortrefflich bedient sei, denn er wolle verdammt sein, wenn er nicht jenen, Namens Habert, im Zimmer des Kaisers gesehen habe, wo er vorgegeben, daß er von Oberst Schertel geschickt sei und diesen krank in Straßburg verlassen habe. Und diesen letzten, den Maire, habe er vor vier Tagen Brod und Wein in des Markgrafen Lager verkaufen sehen.

Den Sonntag darauf, den 1. Januar 1553, erfuhr Vieilleville durch Deserteurs, daß der Kaiser die Belagerung von Metz aufgehoben, worauf er zu dem Herzog von Nevers sagte: Ich dachte es immer, der Kaiser sei zu alt und zu podagrisch, um ein so schönes junges Mädchen zu entjungfern. Der Herzog verstand dies nicht; ich mache Anspielung, sagte er, auf die Stadt Metz, das im Deutschen eine Metze, auf französisch pucelle bedeutet. Sie fanden diese Anspielung so artig und erfindungsreich, daß sie sie in der Depesche, die sie sogleich an den König abschickten, um die ersten zu sein, die die Aufhebung der Belagerung meldeten, mit anführten.

Vieilleville lebte jetzt drei Monate ruhig auf seinem Gut Durestal und erholte sich von den Mühseligkeiten des Kriegs. Unterdessen hatte man ihm bei Hofe das Gouvernement von Metz, wo der Herr von Gonnor gegenwärtig kommandierte, zugedacht; besonders verwendeten sich für ihn der Herzog von Guise und von Nevers als Augenzeugen seiner Thaten vor Metz. Allein der Connetable warf sich auch hier dazwischen und stellte vor, daß man Herrn von Gonnor, der die Belagerung ausgehalten habe, nicht absetzen könne, und es Vieillevillen lieber sein würde, wenn ihn der König zu seinem Lieutenant in Bretagne machte, wo er seine Familie und Güter hätte. Denn der Herzog von Estampes, jetziger Gouverneur von Bretagne, sei sehr krank, es würde sodann der Herr von Gyé, sein Lieutenant, ihm folgen und Vieilleville dessen Stelle erhalten können.

Vieilleville wurde davon fünfzehn Tage nach Ostern 1553 durch den Secretär Malestroit heimlich benachrichtigt, um sich auf eine Entschließung gefaßt zu halten. Das Schreiben vom König vom 22. April 1553 kam auch wirklich an und war so abgefaßt, wie es der Connetable gewollt hatte. Vieilleville antwortete dem König sehr ehrerbietig, wie ihn hauptsächlich vier Ursachen hinderten, diese

Gnade anzunehmen. *Erstlich* sei Estampes nichts weniger als gefährlich krank; es würde dieses beide von einander entfernen, da sie jetzt in gutem Vernehmen stünden; überdem sei er ja selbst zwei Jahre älter als der Herzog von Estampes. *Zweitens* habe er sehr viele Verwandte und Freunde, die sich vielleicht auf ihre Verwandtschaft stützen und sich gegen die Gesetze vergehen könnten, wo er dann, ein Feind aller Parteilichkeiten, streng verfahren müßte, und doch würde es ihm leid sein, seine Bekannten als Verbrecher behandelt zu sehen. *Drittens* sei er noch gar nicht in den Jahren, um sich in eine Provinz versetzt zu sehen, wo man ruhig leben könne und nichts zu thun habe, als am Ufer spazieren zu gehen und die Ebbe und Fluth zu beobachten. Er habe erst zwei und vierzig Jahr und hoffe noch im Stand zu sein, Seiner Majestät vor dem Feind zu dienen. Es würde ihm *viertens* zu hart vorkommen, unter dem Herrn von Gyé zu dienen, der ein Unterthan von ihm sei, und mit dem er nicht ganz gut stehe. Er wisse, daß Seine Majestät ihm das Gouvernement von Metz zugedacht, und er sei verwundert, wie man sich so zwischen den König und ihn werfen und alles vereiteln könne, was ihm dieser bestimmt habe.

Als der König diesen Brief gelesen, wurde er aufgebracht, daß man ihm so entgegenstände, ließ den Connetable rufen und sagte ihm sehr bestimmt, daß Vieilleville das Gouvernement von Metz haben solle, Gonnor solle sogleich aus Metz heraus und Vieilleville dahin abgehen, welches denn auch geschah. Er brachte eine sehr ausgedehnte Vollmacht mit, wodurch er über Leben und Tod zu sprechen hatte und die Commandanten von Toul und Verdun so eingeschränkt wurden, daß sie gleichsam nur Capitäns von ihm waren. Er hatte den Sold der Garnison auf zwei Monate mitgebracht und ließ ihn austheilen, jedoch so, daß Mann für Mann von dem Kriegscommissär verlesen wurde, wie sie in den Listen standen. Sonst hatten die Capitäns die Löhnung für ihre Compagnieen erhalten und manche Unterschleife damit getrieben. Die Einwohner von Metz gewannen hierbei viel, da sie sonst ganz von der Gnade des Capitäns abhingen, wenn ein Soldat ihnen schuldig war. Nachdem nun Gonnor alles, was in den Arsenälen war, übergeben hatte, verließ er Metz und empfahl Vieillevillen besonders den Sergentmajor von der Stadt, den Capitän Nycollas, und den Prevot, Namens Vaurés; er lobte sie außerordentlich in ihrer Gegenwart, woraus

Vieilleville sogleich ein Mißtrauen schöpfte, aber keineswegs merken ließ.

Er fand die Garnison in großer Unordnung; sie war stolz dadurch geworden, daß sie gegen einen so mächtigen Kaiser eine Belagerung ausgehalten, und es verging keine Woche, wo nicht fünf bis sechs Schlägereien vorfielen über den Streit, wer sich am tapfersten gehalten hätte. Oft fielen sie unter den Officieren vor, die den Ruhm ihrer Soldaten verteidigten; oft brachen sich die Soldaten für ihre Officiere die Hälse. Vieilleville war deßhalb in großer Verlegenheit; er mußte fürchten, durch scharfe Befehle einen Aufstand zu erregen, der um so gefährlicher war, als der Graf von Mansfeld im Luxemburgischen, wo er commandierte, und besonders in Thionville, vier Stunden von Metz, viele Truppen hatte. Ueberdem waren die Einwohner selbst voll Verzweiflung, denn nachdem der Kaiser hatte abziehen müssen, sahen sie wohl, daß sie das französische Joch nicht wieder abschütteln könnten. Ueberdieses waren sie auf eine unleidliche Art durch starke Einquartierungen geplagt, denn es war kein Geistlicher, noch Adeliger, noch eine Gerichtsperson, die davon befreit war. Auf der andern Seite hielt es Vieilleville gegen seine Ehre und Würde, solche Ungezogenheiten fortgehen zu lassen, und er beschloß daher, was es auch kosten möge, seinen Muth zu zeigen und sich Ansehen und Gehorsam zu verschaffen.

Er ließ daher schnell alle Hauptleute versammeln und that ihnen seinen Vorsatz kund, wie er noch heute die Befehle und die Strafen für den Uebertretungsfall würde verlesen lassen, von denen Niemand, weß Standes er auch sei, sollte ausgenommen sein. Sie, die ihn wohl kannten, wie fest er bei einer Sache bliebe, wenn er sie reiflich überlegt hatte, boten ihm auf alle Art die Hand hierzu; doch ließen sie bei dieser Gelegenheit den Wunsch merken, daß er weniger streng in Vertheilung der letzten Löhnung gewesen wäre. Er stellte ihnen aber vor, daß es schändlich wäre, sich vom Geiz beherrschen zu lassen, und dieses Laster sich mit der Ehrliebe der Soldaten nicht vertrüge. Ich bin fest entschlossen, sagte er, auch nicht im geringsten davon abzugehen, was ich einrichten und befehlen werde, und lieber den Tod! Nachmittags wurden die Befehle mit großer Feierlichkeit verlesen, besonders auf dem großen Markt, wo alle Cavallerie mit ihren Officieren aufmarschiert war; er selbst hielt daselbst auf seinem schönen Pferd mitten unter seiner Leibwache von Deutschen – sehr schöne Leute, die ihm der Graf von Nassau geschickt hatte, mit ihren großen Hellebarden und Streitäxten, in Gelb und Schwarz gekleidet, denn dieses war seine Farbe, die ihm Frau von Vieilleville, als sie noch Fräulein war, gegeben hatte, und die er immer beibehielt. Es machte dieses einen solchen Eindruck, daß in zwei Monaten keine Schlägerei entstand, als zwischen zwei Soldaten über das Spiel, wovon der eine den andern tödtete. Vieilleville nöthigte den Hauptmann, unter dessen Compagnie der noch lebende Soldat stand, diesen, der sich verborgen hatte, vor Gericht zu bringen, wo sodann der Kopf erst dem Getödteten und sodann dem andern Soldaten abgeschlagen wurde.

Kurz darauf meldete man ihm, daß einige Soldaten unter dem Vorwand, Wildpret zu schießen, Leute, die Lebensmittel in die Stadt brächten, auf der Straße anfielen und ihnen das Geld abnähmen. Gegen Mitternacht fing man drei derselben, die sogleich die Folter so stark bekamen, daß sie sieben ihrer Helfershelfer angaben. Er ließ diese sogleich aus ihren Betten ausheben und war selbst bei diesen Gefangennehmungen mit seinen Garden und Soldaten. Diese zehn Straßenräuber wurden in sein Logis gebracht, hier vier befohlenen Kaufleuten vorgestellt und ihnen, da sie erkannt wurden, sogleich der Proceß gemacht. Des Morgens um acht Uhr waren schon drei davon gerädert und die Uebrigen gehangen, so daß ihre Capitäns ihren Tod eher als ihre Gefangennehmung vernahmen.

Es gab dieses ein großes Schrecken in der Garnison, das sich dadurch noch vermehrte, als man sah, daß er gegen seine Hausdienerschaft noch strenger war. Einer seiner Bedienten, der ihm sieben Jahre gedient hatte, wurde gleich den andern Morgen gehenkt, weil er in der Nacht das Haus eines Mädchens, das er liebte, bestürmt hatte, und einer seiner Köche, der ein Gasthaus in Metz angelegt, wurde durch dreimaliges Ziehen mit Stricken so gewippt, daß er Zeitlebens den Gebrauch seiner Glieder verlor, und nur, weil er gegen den Befehl gehandelt hatte, den Bauern ihre Waaren nicht unter den Thoren abzukaufen, sondern sie vorher auf den dazu bestimmten Platz kommen zu lassen.

Während der Belagerung hatten mehrere Officiere, während daß sie die Männer auf die Wälle schickten, um daselbst zu arbeiten, mit den Weibern und Töchtern gar übel gehauset, manche geraubt, den Vater oder Mann aber umgebracht und vorgegeben, es sei durch die Kanonen geschehen, so daß jetzt noch sechs und zwanzig Weiber und Mädchen fehlten, die die Officiers und Soldaten versteckt hielten. Der vorige Commandant hörte auf die Klagen, welche deßhalb einliefen, nicht, theils weil er einen Aufruhr befürchtete, wenn er es abstellte, theils auch, weil er selbst ein solches Mädchen gegen den Willen seiner Mutter bei sich hatte, die er Frau von Gonnor nennen ließ. Jetzt, da man sah, wie gerecht und unparteiisch Vieilleville in allem verfuhr, beschlossen die Anverwandten, eine Bittschrift einzureichen, und dies geschah eines Morgens ganz frühe, ehe noch ein Officier da gewesen war. Er machte ihnen Vorwürfe, daß sie ein halbes Jahr hätten hingehen lassen, ohne ihm Nachricht davon zu geben. Sie antworteten, daß sie gefürchtet hätten, eben so, wie beim Herrn von Gonnor, abgewiesen zu werden.»In der That,« versetzte er,»ich kann euch nichts weniger als loben, daß ihr mein Gewissen nach dem meines Vorfahren gemessen habt; jedoch sollt ihr, noch ehe ich schlafen gehe, Genugtuung erhalten, wenn ihr nur wißt, wo man die Euren versteckt hält.« Hierauf versicherte einer, Namens Bastoigne, dem seine Frau, Schwester und Schwägerin geraubt waren, daß er sie Haus für Haus wisse.»Nun gut,« sagte Vieilleville, »geht jetzt nach Hause, und Punkt neun Uhr des Abends sollt ihr eure Weiber haben; ich wähle mit Fleiß eine solche Stunde, damit die Nacht (es war im October)»eure und eurer Verwandtinnen

Schande verberge. Laßt euch indessen nichts bis zur bestimmten Stunde merken, sonst könnte man sie entfernen.«

Er machte darauf die nöthigen Anstalten, stellte gegen Abend in den Hauptstraßen Wachen auf, ließ einige Truppen sich parat halten, und nun nahm er selbst mit einiger Mannschaft die Haussuchung vor, so wie sie ihm von den Supplikanten bestimmt worden war. Zuerst ging er auf das Quartier des Hauptmann Roiddes los, der die schöne Frau eines Notarius, Namens Le Coq, bei sich hielt, stößt die Thüren ein und tritt ins Zimmer, eben als sich der Capitän mit seiner Dame zur Ruhe begeben will. Dieser wollte sich anfangs wehren; wie er aber den Gouverneur sah, fiel er ihm zu Füßen und fragte, was er befehle und was er begangen? Vieilleville antwortete: er suche ein Hühnchen, das er seit acht Monaten füttere. Der Capitän, welcher besser handeln als reden konnte (es war ein tapferer Mann), schwur bei Gott, daß er weder Huhn, noch Hahn, noch Capaun in seinem Hause habe und keine solchen Thiere ernähre. Alles fing an zu lachen, selbst Vieilleville mäßigte seinen Ernst und sagte ihm:»Ungeschickter Mann, die Frau des Le Coq will ich, und dieses den Augenblick, oder morgen habt Ihr bei meiner Ehre und Leben den Kopf vor den Füßen.« Ein dem Hauptmann ergebener Soldat ließ unterdessen das Weibchen zu einer Hinterthür hinaus in eine enge Straße, hier aber wurde er von einem Hellebardierer angehalten und, da er sich wehren wollte, übel zugerichtet. Unterdessen hatte sich die Frau, ihre Unschuld zu beweisen, zu ihrem Mann geflüchtet, und Vieilleville ließ, als er dieses hörte, den Capitän Roiddes, den man schon gefangen wegführte, um ihm bei anbrechendem Tag den Kopf herunterzuschlagen, wieder los. Als dieses die andern Officiere hörten, machten sie ihren Schönen die Thüren auf, und alles lief voll Mädchen und Weiber, die in Eile zu ihren Anverwandten flohen. Vieilleville setzte die Haussuchung jedoch noch sechs Stunden fort, bis er von allen Seiten Nachricht erhielt, daß sich die Verlornen wieder eingefunden.

In Metz waren sieben adelige Familien, die sich ausschließend das Recht seit undenklichen Zeiten anmaßten, aus ihrer Mitte den Oberbürgermeister der Stadt zu wählen, welches ein sehr bedeutender Platz ist. Sie waren von diesem Vorrecht so aufgeblasen, daß, wenn in diesen Familien ein Kind geboren wurde, man bei der Taufe wünschte, daß es eines Tages Oberbürgermeister von Metz oder wenigstens König von Frankreich werden möge. Vieilleville nahm sich vor, dieses Vorrecht abzuschaffen, und als bei Deiner neuen Wahl die sieben Familien zu ihm kamen und baten, er möchte bei ihrer Wahl gegenwärtig sein, antwortete er zur großen Verwunderung, daß es ihm schiene, als sollten sie ihn vielmehr fragen, ob er eine solche Wahl genehmige, denn vom König solle dieser Posten abhängen, und nicht von Privilegien der Kaiser, und er wolle die Worte: *Von Seiten Sr. kais. Majestät des heil. römischen Reichs und der kais. Kammer zu Speier* verloren machen und dafür die braven Worte: *Von Seiten der Allerchristlichsten, der unüberwindlichen Krone Frankreichs und des souveränen Parlamentshofs von Paris* setzen. Er habe auch schon einen braven Bürger, Michel Praillon, zum Oberbürgermeister erwählt, und sie könnten sich bei dieser Einsetzung morgen im Gerichtshof einfinden. Der abgehende Oberbürgermeister, als er zumal hörte, daß Vieilleville zu diesem Schritt keinen Befehl vom König habe, sank in die Kniee, und man mußte ihn halten und zu Bette bringen, wo er auch nach zwei Tagen, als ein wahrer Patriot und Eiferer der Aufrechthaltung der alten Statuten seiner Stadt, starb.

Vieilleville führte den neuen Bürgermeister selbst ein und besorgte die deßhalb nöthigen Feierlichkeiten. Sowohl diese Veränderung als auch die Herbeischaffung der Weiber und Mädchen, nebst mehrern andern Beweisen seiner Gerechtigkeit, gewannen ihm die Herzen aller Einwohner und machten sie geneigt, französische Unterthanen zu werden. Sie entdeckten ihm sogar selbst, daß eine Klagschrift an die kaiserliche Kammer im Werk sei, und bezeichneten ihm den Ort, wo sie abgefaßt würde. In diesem Quartier wurden auch des Nachts Welche aufgehoben, eben als sie noch an dieser Klagschrift arbeiteten. Der Verfasser und Der, so diese Depesche überbringen sollte, wurden sogleich fortgeschafft, und man hörte nie etwas von ihnen wieder; sie wurden wahrscheinlich ersäuft, die andern aber, so Edelleute waren, kamen mit einem derben Verweis und einer Abbitte auf den Knieen davon.

Aber nicht nur von innen polizierte er die Stadt Metz, auch von außen reinigte er die umliegende Gegend von den Herumläufern und Räubern, die sie unsicher machten. Alle Wochen mußten etliche hundert Mann von der Garnison ausreiten und in den Feldern herumstreifen. Er neckte die kaiserlichen Garnisonen von Thionville, Luxemburg und andern Orten so sehr, daß sie seit dem Mai 1552, wo er sein Gouvernement übernommen hatte, bis zum nächsten Februar über zwölfhundert Mann verloren, da ihm nur in allem hundert und siebenzig getödtet wurden. Die Gefangenen wurden gleich wieder um einen Monat ihres Soldes ranzioniert. Er trug aber auch besondere Sorgfalt, daß immer die Tapfersten zu diesen Expeditionen ausgeschickt wurden, wählte sie selbst aus, nannte alle beim Namen und war immer noch unter den Thoren, diese Leute ihren Capitäns anzubefehlen.

Um Vieillevillen die Spitze zu bieten, bat der Graf Mansfeld, so in Luxemburg commandierte, sich von der Königin von Ungarn, Regentin der Niederlande, Verstärkung aus, und mit selbiger wurde ihm der Graf von Mesgue zugeschickt. Allein Mansfeld konnte nichts ausrichten und legte aus Verdruß sein Commando nieder, welches der Graf von Mesgue mit Freuden annahm, ob es ihm gleich übel bekam. Vieilleville war besonders durch seine Spione vortrefflich bedient; hauptsächlich ließen sich die von einem burgundischen Dorf, Namens Maranges, sehr gut dazu brauchen. Es gab keine Hochzeit, keinen Markt oder sonst eine Versammlung auf fünfzehn bis zwanzig Meilen in der Runde in Feindes Land, wo Vieilleville nicht zwei bis dreihundert Pferde und eben so viel Fußvolk dahin abschickte, um ihnen zum Tanz dazu zu blasen. Schickte der Graf Mansfeld diesen Truppen nach, um ihnen den Rückzug abzuschneiden, so erfuhr er es sogleich und ließ ungesäumt ein anderes Corps aus Metz aufbrechen, um jenes zu unterstützen und den Weg frei zu machen, bei welcher Gelegenheit oft die tapfersten Thaten vorfielen und immer die Feinde unterlagen.

Er bekam Nachricht, daß der Cardinal von Lenoncourt, Bischof von Metz, vieles gegen ihn sammle, um sodann seine Beschwerden vor des Königs geheimes Conseil zu bringen. »Nun dann,« sagte er, »damit seine Klagschrift voll werde, will ich ihm mehr Gelegenheit geben, als er denkt.« Er ließ darauf die Münzmeister kommen, die des Cardinals Münze schlugen (denn der Bischof von Metz hatte dieses Recht), und hielt ihnen vor, wie sie alles gute Geld verschwinden ließen und schlechtes dafür ausprägten. Er befahl ihnen hiermit bei Hängen und Köpfen, auf keine Art mehr Münze zu schlagen, ließ auch durch den Prevot alle ihre Stempel und Gerätschaften gerichtlich zerschlagen, indem es, wie er hinzusetzte, nicht billig sei, daß der König in seinem Reich einen ihm gleichen Unterthan habe.

Es war dieses eine der nützlichsten Unternehmungen Vieillevilles, denn es gingen unglaubliche Betrügereien bei dieser Münzstätte vor; auch nahm es der König, als er es erfuhr, sehr wohl auf. Der Cardinal aber wollte sich selbst umbringen, denn er war sehr heftig, als er diese Veränderung erfuhr, und verband sich mit dem Herzog von Vaudemont, Gouverneur von Lothringen, um Vieillevillen um sein Gouvernement zu bringen, in welchem Vorsatz sie auch der Cardinal von Lothringen, an den sie sich gewendet hatten, unterstützte.

Vieilleville bekam einen Courier vom Secretär Malestroit, der ihm bekanntmachte, daß der Gouverneur des Dauphin, von Humières, auf den Tod läge und der König gesonnen sei, ihm die Compagnie Gendarmes zu geben, die jener besessen, daß aber der Connetable dagegen sei und sogar den jungen Dauphin dahin gebracht habe, diese Compagnie für den Sohn seines Gouverneurs vom König zu erbitten, mit dem Zusatz (so hatte es ihm der Connetable gelehrt), daß dieses seine erste Bitte sei, welches dem König sehr gefallen. Vieillevillen aber, habe der Connetable vorgeschlagen, sollte man die Compagnie leichte Reiter geben, welche Herr von Gonnor gehabt, und die in Metz schon liege. Vieilleville fertigte auf diese Nachricht, ohne sich lange zu bedenken, seinen Secretär in aller Eile mit einem Brief an den König ab, worin er denselben mit den nachdrücklichsten Gründen anforderte, seinen ersten Entschluß wegen der Compagnie durchzusetzen und sich von Niemanden abwendig machen zu lassen. Der Secretär kam in St. Germain an, wie Humières noch am Leben war, und der König nahm den Brief selbst an. Nachdem er solchen gelesen, antwortete er:»Es ist nicht mehr als billig, er hat lang genug gewartet; seine treuen Dienste verbinden mich dazu. Ich gebe sie ihm mit der Zusicherung, es nicht zu widerrufen, wenn der Andere stirbt, was man auch darüber brummen mag.« Vieilleville ließ sich zugleich mündlich die Compagnie leichter Reiter des Herrn von Gonnor für seinen Schwiegerson Espinay ausbitten.»Zugestanden,«sagte der König,»und das sehr gern.« Auch wurden sogleich die Patente deßhalb ausgefertigt.

Unterdessen ließ Vieilleville dem Grafen von Mesgue keine Ruhe; seine Truppen gingen oft bis unter die Kanonen von Luxemburg und forderten die Kaiserlichen heraus, so daß der Graf sogar einen Waffenstillstand unter ihnen vorschlug, worüber Vieilleville sich sehr aufhielt und zurücksagen ließ, daß sie beide verdienten, cassiert zu werden, wenn sie als Diener in besondere Capitulationen sich einließen; und daß er bei diesem Vorschlag als ein Schuljunge und nicht als Soldat sich gezeigt; er schicke ihn daher wieder auf die Universität von Löwen, wo er erst seit kurzem hergekommen. Der Graf war so beschämt darüber, daß er Vieillevillen bitten ließ, nie davon zu reden und ihm den Brief, den er deßhalb geschrieben, zurückzusenden, welches Vieilleville ihm gerne zugestand, mit der Bedingung, ihm eine Ladung Seefische von Antwerpen dafür zu schicken, die dann auch ankamen und unter großem Lachen verzehrt wurden.

Gegen das Ende Septembers 1554 wurde dem Präsidenten Marillac, der nach Paris reisen wollte, eine Escorte vom besten Theil der Cavallerie und vielen Schützen zu Fuß mitgegeben. Der Graf von Mesgue erhielt Nachricht davon und beschloß, sich hier für die vielen ihm angethanen Insulten zu rächen. Er bereitete sein Unternehmen so geheim vor, daß Vieilleville erst Nachricht davon bekam, als sie schon aus Thionville ausmarschierten. Sogleich ließ er den übrigen Theil seiner Reiterei aufsitzen und schickte zwei verschiedene Corps unter des Herrn von Espinay und von Dorvoulx Anführung ab. Beide waren jedoch nicht stärker als hundert und zwanzig Mann. Dreihundert leichte Truppen mußten sogleich ein kleines Schloß, Namens Dompchamp, wo schon fünfzehn bis zwanzig Soldaten und ein Capitän La Plante lagen, besetzen. Er selbst ließ alle Thore der Stadt schließen, nahm die Schlüssel zu sich und setzte sich unter das Thor, um von einer Viertelstunde zur andern Nachricht von des Feindes Unternehmen zu erhalten. Er verstärkte die Wachen, und einige Capitäns mußten auf den Mauern herumgehen, um alles zu beobachten. Die andern Capitäns, nebst dem Herrn von Boisse und von Croze, waren dabei mit dreihundert Büchsenschützen und seiner Garde. Um neun Uhr ließ er sich sein Mittagessen dahin bringen, und kurz darauf kam von beiden ausgeschickten Corps die Nachricht an, daß sie die Feinde recognosciert und acht Compagnieen zu Fuß und acht- bis neunhundert

Pferde stark gefunden hätten, daß man einer solchen Macht nicht widerstehen könne und sie sich auf Dompchamp zurückziehen wollten. In drei Stunden könnten sie da sein und erbäten sich Verhaltungsbefehle.

Vieilleville nahm auf dieses, das einem Rückzug ähnlich sah, einen schrecklichen Entschluß. Er ließ sechzig schwere Büchsen von ihren Gestellen herunternehmen und ladete sie den Stärksten seiner Garde auf. Dem Capitän Croze befahl er, hundert Büchsenschützen und zehn bis zwölf Tambours mit sich zu nehmen und sich in einem versteckten kleinen Weiler bei Dompchamp ruhig zu verhalten, bis das Gefecht angegangen. Er selbst mit seinen vergoldeten Waffen schnallte seine Rüstung fest und zog aus der Stadt auf seinem Pferde Ivoy; die Stadt überließ er dem Herrn von Boisse, von dem er wußte, daß er sie wohl bewachen würde, wenn er bleiben sollte. So zog er in schnellem Marsch von seinen siebenzig Musketieren, deren jeder nur fünf Schüsse hatte, dahin, fest entschlossen, zu bleiben oder zu siegen.

Sobald er bei den Uebrigen angekommen war, traf er, als ein geschickter Soldat, die nöthigen Anstalten. Unter andern stellte er das Fußvolk zwischen die Pferde, welche Erfindung von ihm nachher oft benutzt worden. Jetzt rückte der Feind auf fünfhundert Schritte gerade auf ihn an; er rückte im Schritt vorwärts und befahl, zuerst eine Salve zu geben, damit der Feind ihre Anzahl nicht bemerkte. Beide Corps treffen nun aufeinander; die Feinde glaubten ihn leicht über den Haufen zu werfen, denn es waren ihrer Zehn gegen Einen. Die Musketiers verlieren indessen keinen Schuß. Vieilleville, an seiner Seite Espinay und Thevales, dringen ein und werfen alles vor sich nieder. Wüthend fällt Croze mit seinen Tambours und Schützen aus seinem Hinterhalt heraus ihnen in die Flanke. Der Chevalier La Rogue kommt von einer andern Seite und setzt ihnen fürchterlich zu. Sie hatten ihr Fußvolk zurückgelassen, weil sie den Feind für unbeträchtlich hielten. Alle ihre Chefs waren getödtet, und jetzt von allen Seiten gedrängt, stürzten sie auf ihre Infanterie zurück, die sie selbst in Unordnung brachten, da sie immer verfolgt wurden, und zwar von ihren eigenen Pferden, auf die sich Vieillevilles Soldaten schnell schwangen und so nacheilten. Mehr als fünfzehnhundert blieben auf dem Platz, die übrigen wurden gefangen. Jeder Soldat hatte einen bis zwei Gefangene; selbst zwei Soldatenmädchen trieben ihrer drei vor sich her, die ihre Waffen weggeworfen hatten, und wovon zwei verwundet waren. Der Graf von Mesgue hatte sich durch die Wälder bis an die Mosel geflüchtet, wo er mit noch zwei andern in einem Fischerkahn nach Thionville sich rettete. Vieilleville hatte nur acht Todte und zwölf Verwundete. Er zog wieder in Metz ein und gerade auf die Hauptkirche zu, um Gott für den Sieg zu danken. Der Donner der Kanonen und alle Glocken trugen diese Feierlichkeit nach Thionville, und sie konnten dort wohl vernehmen, wie sehr man sich in Metz freute.

Durch einen sonderbaren Zufall geschah es, daß gerade an dem Tag, wo er siegte, der König ihm den Orden ertheilte. Der Officier, den er sogleich mit den Fahnen an den König abgeschickt hatte, traf den Courier vom Hof auf dem Weg an. Der Herzog von Nevers sollte ihm denselben umhängen; Vieilleville schlug es aber in einem sehr höflichen Schreiben an den Herzog von Nevers aus, den Orden aus einer andern als des Königs Hand anzunehmen, weil er dieses Gelübde gethan, als Franz I. selbst ihn zum Ritter geschlagen.

Der Sergeantmajor des ganzen Landes Messin und der Prevot (General Auditor), welche Herr von Gonnor Vieillevillen vorzüglich empfohlen hatte, waren in ihrem Dienst Männer ohne ihres Gleichen und dabei in Metz sehr angesehen. Allein sie erlaubten sich mancherlei Betrügereien; sie ließen oft die Gefangenen, die zum Tode verurtheilt worden, heimlich gegen eine starke Geldsumme entwischen und gaben vor, sie hätten die Kerls ersäufen lassen, da sie des Hängens nicht werth gewesen. Man fing solch einen angeblich Ersäuften wieder, und er wurde erkannt zu eben der Zeit, da jene Beiden einen Gefangenen, der verurtheilt war, schon seit zwei Monaten im Gefängniß herumschleppten. Da es ihnen ernstlich befohlen ward, diesen Gefangenen hinrichten zu lassen, so wurde er in einem großen Mantel zum Richtplatz geführt, damit man nicht sehen konnte, daß er die Hände nicht gebunden hätte; auch gab man ihn für einen Lutheraner aus, damit er kein Crucifix tragen dürfe. Als der Kerl auf der Leiter stand, sprang er schnell herunter, ließ dem Henker den Mantel in der Hand und rettete sich, ohne daß man je etwas von ihm hätte sehen sollen. Es kam nun heraus, daß sie von einem Verwandten des Verurteilten tausend Thaler erhalten hatten, wenn sie ihn entwischen ließen. Vieilleville war über alles Dieses sehr aufgebracht, ließ sogleich die Beiden in Verhaft nehmen und ihnen den Proceß machen. Sie bekamen die Tortur und gestanden alles. In einem Kriegsgericht wurden sie zum Tode verdammt, der Sergeantmajor im Gefängniß erdrosselt und der Prevot und sein Schreiber auf öffentlichem Platz gehängt.

Es gab zwei Franciscanerklöster in Metz, wovon in einem Observantinermönche waren. Die Mönche waren meist alle aus einer Stadt der Niederlande, Namens Nyvelle. Der Pater Guardian besuchte dort oft seine Verwandten und kam bei jeder Reise vor die Königin von Ungarn, die durch ihn alles erfuhr, wie es in Metz stand, auch viele Neuigkeiten aus Deutschland und Frankreich; kurz, es war ihr eigentlicher Spion. Auf den Antrag, der ihm zu einer Unternehmung aus Metz gemacht wurde, ging er auch wirklich ein; er nahm etliche und siebenzig tapfere Soldaten, kleidete sie als Franciscaner und ließ sie von Zeit zu Zeit paarweise nach Metz ins Kloster gehen. Unterdessen war es verabredet, daß der Graf von Mesgue Verstärkung erhalten und sich an dem Thor der Brücke Yffray zum Sturmlaufen zeigen sollte. Der Guardian wollte in mehr als hundert Häusern durch eine eigene Erfindung Feuer einlegen lassen; Jedermann würde hinzulaufen, dieses zu löschen, und die Mönche sollten sich dann auf den engen Wällen zeigen und den Soldaten heraufhelfen. Einige tausend Soldaten von der Garnison zu Metz würden sich ohnedies sogleich empören, wenn sie die Gelegenheit zum Plündern absähen, *und Freiheit, Freiheit, nieder mit dem Vieilleville!* schreien.

Es ging alles recht gut für den Mönch; in einer Zeit von drei Wochen hatte er die Soldaten im Kloster. Jetzt bekam aber Vieilleville von einem seiner geschicktesten Spionen auf Luxemburg Nachricht, daß die Königin von Ungarn zwölfhundert leichte Büchsenschützen, achthundert Pferde und eine große Anzahl niederländischer Edelleute dem Grafen von Mesgue zuschickte. Der Graf habe etwas vor, man könne aber nicht entdecken, auf was er ausgehe. Man habe zwar zwei Franciscanermönche von mittlerem Alter mit dem Grafen ins Cabinet gehen sehen, habe aber nicht herausbringen können, wo sie her gewesen, es habe nur geheißen, sie seien von Brüssel her gekommen.

Vieilleville nahm sogleich einige Capitäns zu sich und ging in das Franciscanerkloster, ließ den Guardian rufen und fragte, wie viel er

Mönche habe, und ob sie alle zu Hause seien, er wolle sie sehen. Hier findet er alles richtig. Er geht darauf zu den Observantinern und fragt nach dem Guardian. Es wird ihm geantwortet, er sei nach Nyvelle zum Leichenbegängniß seines Bruders gegangen. Vieilleville will die Anzahl der Mönche wissen und sie sehen. Drei oder viere sagen, sie seien in die Stadt gegangen, Almosen zu sammeln. Schon an ihrer Gesichtsfarbe merkte er, daß es nicht ganz richtig sei. Er stellte sogleich Haussuchung an und findet in dem ersten Zimmer zwei falsche Franciscanermönche, welche sich für krank ausgaben und ihre auf Soldatenart verfertigten Beinkleider im Bette versteckt hatten. Unter Androhung eines sichern Todes gestehen sie sogleich, wo sie her sind. doch wüßten sie nicht, was man mit ihnen vorhabe, und sie hofften dieses zu erfahren, wenn der Guardian von Luxemburg würde zurückgekommen sein. Vieilleville ließ sogleich das Kloster schließen und setzte einen vertrauten Capitän mit starker Wache hin, dem er befiehlt, alles herein, aber nichts hinaus zu lassen. Ferner werden augenblicklich alle Thore der Stadt geschlossen, außer dem der Brücke Yffray, welches nach Luxemburg führt, und wo der Capitän Salcede die Wache hatte. Hier begibt er sich selbst hin, entläßt alle seine Garden und bleibt mit einem Edelmann, einem Pagen und einem Bedienten mit den Soldaten auf der Wache.

Dem Capitän Salcede ließ er sagen, er erwarte Jemand unter dem Thor, und sollte er die Nacht auf der Wachtstube zubringen, so müsse er die Person hereingehen sehen. Salcede sollte sein Essen unter das Thor bringen lassen, wie es wäre, und sollte er nur Knoblauch und Rüben haben, er solle nur herbeieilen.

Salcede kam auch sogleich und brachte ein ganz artiges Mittagsessen mit, das ihnen unter dem Thor gut schmeckte. Kaum hatten sie abgegessen, als die Schildwache sagen ließ, sie sehe zwei Franciscaner von weitem kommen. Vieilleville nimmt eine Hellebarde und stellt sich, von zwei Soldaten begleitet, selbst an den Schlagbaum. Die Mönche, die sich sehr wundern, ihn hier wie einen gemeinen Soldaten Wache stehen zu sehen, steigen ab. Er befiehlt ihnen aber, in das Quartier des Capitäns Salcede zu gehen; die zwei Soldaten mußten sie dahin bringen. Jetzt läßt er alles aus diesem Quartier gehen, und er mit Salcede und seinem Lieutenant Ryolas bleiben allein da.»Nun, Herr Heuchler,« redet er den Guardian an, »Ihr kommt von einer Conferenz mit dem Grafen von Mesgue. Sogleich bekennet alles, was ihr miteinander verhandelt, oder Ihr werdet den Augenblick umgebracht. Bekennet Ihr aber die Wahrheit, so schenke ich Euch das Leben, selbst wenn Ihr das meine hättet nehmen wollen. In Euer Kloster könnt Ihr nun nicht mehr, es ist voll Soldaten, und Eure Mönche sind gefangen; zwei haben schon bekannt, daß sie verkleidete Soldaten der Königin von Ungarn sind.« Der Guardian wirft sich ihm zu Füßen und gibt vor, daß diese zwei seine Verwandten seien und ihren Bruder wegen einer Erbschaft umgebracht; er habe sie unter Franciscanerkleider versteckt, um sie zu retten. Indem ließ aber der bei dem Kloster wachhabende Hauptmann melden, daß sechs Franciscaner in das Kloster eingetreten, die unter der Kutte Soldatenkleider gehabt. Jetzt befahl er, die Tortur zu holen, damit der Guardian gestehe. Der Mönch, der sah, daß alles verrathen sei, besonders wie ihm Vieilleville den Brief zeigte, so er von seinem Spion in Luxemburg erhalten, sagte dann, daß man wohl sehe, wie Gott ihm beistehe und die Stadt für ihn bewache, denn ohne diese Nachricht wäre Metz noch heute für den König verloren gewesen und in die Hände des Kaisers gekommen. Alle zu dieser Expedition bestimmten Truppen seien nur noch sechs Stunden von Metz, in St. Jean, und sie sollten um neun Uhr hier eintreffen. Kurz, er gestand den ganzen Plan. Vieilleville übergab ihn jetzt dem Capitän Ryolas, ihn zu binden und mit keiner Seele reden zu lassen.

Wie Vieilleville in allen unvorhergesehenen Fällen sich schnell und fest entschloß, so auch hier. Sogleich ruft er seine Compagnie zu sich und befiehlt dem Herrn von Espinay und von Lancque, eben dieses zu thun. Die Capitäns St. Coulombe und St. Marie müssen sich mit dreihundert Büchsenschützen einfinden. Der neue Sergentmajor St. Chamans muß sogleich auf die Thore fünfzig Büschel Reiser hinschaffen, mit der Weisung, solche nicht eher noch später als zwischen sechs und sieben Uhr des Abends anstecken zu lassen. Die ganze Stadt war in Alarm; niemand wußte, was werden sollte.

Jetzt, da alles fertig war, sagte er: »Nun laßt uns still und schnell marschieren, und so Gott will, sollt ihr in weniger als vier Stunden seltsame Dinge erleben.« Er hatte einen sehr geschickten Capitän, die Soldaten zu führen; diesen rief er zu sich und entdeckte sich ihm und seinen Plan. Er sollte ihn in einen Hinterhalt legen, wo die Feinde vorüber müßten. Ging dieses nicht, so wollte er sie so angreifen, ob sie gleich nur Einer gegen Drei seien. Der Capitän führte ihn in einen großen Wald, an dessen Ende ein Dorf lag. Hier vertheilte Vieilleville seine Leute von tausend zu tausend Schritten, so daß der Feind nicht zu sich kommen und denken sollte, die ganze Garnison, so bekanntlich fünftausend zweihundert Infanterie und tausend Mann Cavallerie stark war, sei ihm auf dem Halse. Den Weg nach Thionville befahl er frei zu lassen, weil er den Flüchtlingen nicht nachsetzen wollte, nach der goldenen Regel: dem Feind muß man silberne Brücken bauen.

Jetzt bekam er Nachricht, daß die Feinde schnell anrückten, in einer Stunde könnten sie da sein. Man sähe in Metz brennen, die Feinde seien stärker, als er glaube, es sei alles voll. In einer Stunde kam schon ihr Vortrab, so auf ungefähr sechzig Mann bestand, durch den Wald. Die Hellebardierer hatten sich auf dem Bauch in das Dickicht gelegt, die Schützen standen weiter hinten, daß man die brennenden Lunten nicht riechen sollte; man hörte, wie sie sagten:»Treibt sie an, beim Teufel, wir verweilen zu lang. In dem Wald gibt es nichts als Maulwürfe. Beim Wetter, wie werden wir reich werden, und was für einen Dienst werden wir dem Kaiser thun!« Ein Anderer sagte:»Wir »wollen ihn recht beschämen, denn mit dreitausend Mann nehmen wir, was er nicht mit hunderttausend konnte.« Ein Anderer:»Ich werde mich heute Nacht zu Tode h—, denn es soll dir prächtige Mädchen und Weiber geben.« Jetzt kam der ganze Troß und zog ins Holz hinein, zuletzt der Graf von Mesgue mit einer ausgesuchten Cavallerie. Er trieb sie aus allen Kräften zur Eile an, so daß sie keine Ordnung hielten. Den ganzen Zug aber schloß das adelige Corps aus den Niederlanden, welches achthundert Pferde stark war.

Als auch diese in dem Wald waren, stürzte Vieillevilles erster Hinterhalt hervor – *Frankreich!– Frankreich! – Vieilleville! –* rufend. Die Edelleute rufen ihre Diener, ihnen ihre Waffen zu geben; nun rücken aber auch die Büchsenschützen hervor, und jeder streckt seinen Mann nieder; zugleich machen die Tambours einen erschrecklichen Lärm. Die Feinde, welche schon vorne waren, wollten umkehren, um ihrem Hintertrab zu helfen; aber jetzt stürzt auch bei ihnen der zweite Hinterhalt hervor, und es entsteht ein so erschreckliches Getöse, daß alles ganz verwirrt wird. Der Graf von Mesgue schreit: beim Teufel, wir sind verrathen! Gott, was ist das?

und macht zugleich Miene, sich zu wehren. Nun bricht aber auch der dritte Hinterhalt hervor, und die feindliche Cavallerie flieht in das Dorf, in der Hoffnung, sich dort zu setzen; aber hier finden sie Vieillevilles viertes Corps, zu dem kam noch das fünfte, das sie in die Mitte bekam und so übel zurichtete, daß der Graf von Mesgue durch sein eigenes Fußvolk durchbrechen mußte, um sich zu retten, denn überall traf er auf Feinde. Jetzt floh alles, wo es nur hin konnte, und der Sieg war vollkommen.

Es wurden vierhundert und fünfzig Gefangene gemacht, und eilfhundert und vierzig waren auf dem Platz geblieben. Vieilleville hatte nur fünfzehn Mann verloren, und sehr wenige waren verwundet worden.

Es fiel dieses an einem Donnerstag im October 1555 vor, und wurde durch die Klugheit und Thätigkeit Vieilleville's auf diese Art eine Verrätherei am nämlichen Tage entdeckt und bestraft. Die Mönche in Metz wurden in engere Verwahrung gebracht, die dreißig verkleideten Soldaten aber ließ Vieilleville frei, weil es brave Kerls wären, die ihr Leben auf diese Art zum Dienst ihres Herrn gewagt hätten. Doch befahl er, daß sie zu drei und drei mit ihren Mönchskleidern auf dem Arm und weißen Stäben durch die Stadt geführt und auf jedem Platz verlesen werden sollte: dieses sind die Mönche der Königin von Ungarn u. s. w.

Vieilleville schickte dem König einen Courier mit der Nachricht dieses Siegs. Eben diesem war aufgetragen, Urlaub für ihn auf zwei Monate zu verlangen, indem er schon drei Jahre in seinem Gouvernement des Glücks beraubt sei, Seine Majestät zu sehen. Vieilleville hatte mehrere Ursachen, diesen Urlaub zu verlangen. Einmal wollte er nicht gegenwärtig sein, wenn man den Guardian hinrichtete, da er ihm sein Wort gegeben, ihm am Leben nichts zu thun; und doch hielt er es für unbillig, einen solchen Mordbrenner am Leben zu lassen. Dann trug er auch den Plan einer in Metz zu erbauenden Citadelle im Kopf herum, die aber sehr viele Unkosten erforderte, da drei Kirchen abgetragen und der König zweihundert und fünfzig Häuser kaufen mußte, um die Einwohner daselbst wegzubringen und Platz zu gewinnen. Nun fürchtete er, daß, wenn er diesen Plan nicht selbst vorlegte, der Connetable besonders dagegen sein würde, da ohnedem eine Armee, welche unter dem Herzog von Guise nach Italien marschieren sollte, um Neapel wieder zu erobern, ungeheure Summen wegnahm, die man nirgends aufzutreiben wußte. Endlich war er auch davon benachrichtigt, daß der Cardinal von Lenoncourt, vom Cardinal von Lothringen unterstützt, ihn in allen Gesellschaften heruntersetze.

Der Urlaub wurde bewilligt und sogleich der Herr von La Chapelle-Biron nach Metz abgeschickt, das Gouvernement unterdessen zu übernehmen. Nachdem nun Vieilleville dem neuen Gouverneur alles übergeben und ihn wohl unterrichtet hatte, reiste er nach Hofe und nahm nur den Grafen von Sault, dem er seine zweite Tochter, welche Hofdame bei der Königin war, zugedacht hatte, mit sich. Sobald er daselbst angekommen, entfernte sich der Cardinal von Lenoncourt in eine seiner Abteien bei Fontainebleau. Der König empfing ihn sehr wohl, und der darauf folgende Tag wurde sogleich dazu bestimmt, ihm den Orden umzuhängen, welches auch mit vieler Feierlichkeit geschah. Nur der Cardinal von Lothringen als Ordenskanzler und der Connetable als ältester Ritter fanden sich nicht dabei ein. Dieser wollte sein gewöhnlich Kopfweh, jener die Kolik haben. Der König aber kannte wohl ihre Entschuldigungen und Sprünge.

Der Cardinal von Lothringen hatte sich vorgenommen, Vieillevillen im vollen Rath wegen Beeinträchtigung des Bischofs von Metz in seinen Rechten anzugreifen, und er war so fein, den König zu bitten, sich im Rath einzufinden, indem er einige wichtige Sachen vorzutragen habe. Der König, der nicht wußte, was es war, befahl sogleich, die Räthe zu versammeln, und da jeder seinen Rang eingenommen hatte, fing der Cardinal eine Rede an, die, dem Eingang nach, außerordentlich lang dauern konnte. Er fing damit an, wie die Könige von Frankreich immer die Stützen der Kirche gewesen, brachte allerhand Beispiele auf der Geschichte vor und kam endlich darauf, daß ein Pfeiler der Kirche, und einer von denen, aus dessen Holz man Päpste machte, große Klagen über die Eingriffe habe, die man in seine geistlichen Rechte gethan habe. Vieilleville stand sogleich schnell auf und bat den König, dem Cardinal Stillschweigen aufzulegen und ihn reden zu lassen; er merke wohl, daß von ihm die Rede sei. Nun fing er an, sich zu wundern, daß der Cardinal so hoch angefangen; er habe geglaubt, der heilige Vater und der heilige Stuhl seien in Gefahr vor den Türken, und man wolle

Se. Majestät bewegen, wie die alten Könige eine Kreuzarmee abzuschicken. So aber wäre nur die Rede von dem Cardinal von Lenoncourt; und er bedaure, daß die Reise Sr. Majestät nach Rom nicht statt habe, und die Gelder zu einer großen Armee würden wohl im Koffer bleiben; welches ein Gelächter im Rath erweckte. Nun ging er die Beschwerden, welche der Cardinal haben konnte, selbst durch und widerlegte sie Punkt für Punkt zu seiner Rechtfertigung mit einer großen Beredsamkeit und Feinheit. Er bat endlich, daß der Cardinal von Lenoncourt selbst erscheinen möge, um seine weitern Klagen vorzubringen, und sich nicht hinter die Größe und das Ansehen des Cardinals von Lothringen stecken möge; indem er hoffte, ihn auf diese Art zu verhindern, daß er nicht zum Wort kommen sollte. Der König fragte darauf den Cardinal von Lothringen, ob er keinen andern Grund gehabt, ihn in Rath zu sprengen, als diesen? Worauf der Cardinal antwortete, daß Se. Majestät nur einen Theil gehört hätten. Vieilleville will ja auch nicht, versetzte der König, daß man ihm geradezu glaubt, und er verlangt, daß Lenoncourt selbst erscheine. Er befahl darauf, daß der Kanzler ihn auf morgen in den Rath bescheiden sollte. Uebrigens aber gab der König die Erklärung von sich, daß er alles billige, was Vieilleville in seinem Gouvernement gethan, und er stand gleichsam zornig von seinem Sitz auf. Der Cardinal von Lothringen legte die Hand auf den Magen, als wenn er Kolik hätte, ging sogleich aus dem Rath hinaus und ließ den Cardinal von Lenoncourt augenblicklich von dem benachrichtigen, was vorgefallen, der dann sogleich auch weiter vom Hof wegreiste, so daß ihn Die, welche ihn in den Rath auf morgen einladen sollten, nicht antrafen.

Kurz darauf legte Vieilleville dem König auch seinen Plan wegen der Citadelle vor, und er wußte ihm die Sache so wichtig vorzustellen, daß der König gleich darauf einging. ihm aber verbot, es nicht im Conseil vorzutragen, wo gewiß der Connetable und der Herzog von Guise dagegen sein würden, die alles aufböten, drei Millionen zu ihrem projektierten italienischen Feldzug zu schaffen. Er habe getreue Diener in Paris, von denen er hoffe, sogleich die zu dieser Citadelle verlangte Summe zu erhalten, und er wolle sich gleich noch heute nach Paris begeben, da er ohnedem wünschte, daß man Fontainebleau, wo er schon acht Monate wohne, durchaus reinigte.

Vieilleville erhielt auch die Summe und kehrte damit sogleich nach Metz zurück, um die nöthigen Anstalten zur Erbauung dieser Citadelle zu treffen. Es war hohe Zeit, daß er wieder zurückkam; denn es verging nicht lange, so entdeckte er eine neue Verschwörung, welche zwei Soldaten, Comba und Vaubonnet, angezettelt hatten, da sie sahen, daß der Herr von La Chapelle nicht sonderlich wachsam an den Thoren war. Vieilleville hatte ihre Brüder rädern lassen, weil sie ein öffentliches Mädchen des Nachts mißhandelt und ihr die Nase abgeschnitten hatten. Das Mädchen hatte so geschrieen, daß die ganze Stadt in Allarm gekommen war, und Vieilleville sich selbst zu Pferde gesetzt und die Garnison unter das Gewehr hatte treten lassen. Sie hatten sich an den Grafen von Mesgue gewendet und bedienten sich eines Tambours zu ihrem Hin- und Herträger, Namens Balafré. Die Königin von Ungarn, bei der Comba gewesen war, hatte ihnen zwölfhundert Thaler gegeben, wofür sie ein Gasthaus errichteten und oft mit Lebensmitteln nach Thionville mit Passeport von La Chapelle, dem sie manchmal Präsente brachten, auf dem Flusse hin- und herfuhren. Den Grafen von Mesgue hatten sie selbst zweimal verkleidet in die Stadt gebracht, wo er alles durchgesehen hatte. Es kam nun sonderbar, daß Vieilleville den Capitän dieser Soldaten, Namens La Mothe-Gondrin, fragte, wie es käme, daß die Soldaten, die einen gewissen ausgezeichneten Rang unter den Uebrigen hätten, sich mit Gastierungen abgäben, welches unschicklich sei. Der Capitän antwortete, daß sie, seit ihre Brüder gerädert worden, keine rechte Liebe zum Dienst hätten, sie wollten daher ihren Abschied bald nehmen, doch wünschten sie vorher noch etwas zu erwerben.

Wie Vieilleville hörte, daß sie Brüder der Geräderten seien, so fiel es ihm gleich auf, daß etwas darunter stecken könne, und er schickte unverzüglich nach Comba, dem er sagte, daß, weil er gut Spanisch rede, er dem König einen Dienst erweisen könne, er solle nur mit ihm kommen, Geld und Pferde seien schon bereitet. Er führte ihn hierauf in das Quartier des Capitäns Beauchamp, wo er dem Capitän sogleich befahl, den Comba zu binden, bis Eisen ankämen, und dafür zu sorgen, daß Niemand nichts von dieser Gefangennehmung erfahre. Dem Kameraden Vaubonnet aber läßt er sagen, nicht auf Comba zu warten, indem er ihn auf vier Tage verschickt habe.

Wie die Entdeckungen oft sonderbar geschehen, so auch hier. Der Bediente des Capitäns war ein Bruder des Tambours Balafré, und er hatte ihn oft mit dem Comba gesehen. Eben dieser Bediente sah jetzt durch das Schlüsselloch den Comba binden und läuft hin, es seinem Bruder zu sagen. Dieser bittet sich von Vieilleville eine geheime Audienz aus, wirft sich ihm zu Füßen, entdeckt alles und gesteht, daß er schon siebenmal in Thionville mit Briefen von Comba an den Grafen von Mesgue gewesen. Vieilleville zieht einen Rubin vom Finger, gibt ihn dem Tambour und verspricht, sein Glück zu machen, wenn er ihm treu diente. Er nahm ihn darauf zu dem Comba, dem er befiehlt, an den Grafen zu schreiben, daß alles gut gehe und er durch den Weg, den ihm sein Vertrauter anzeigen würde, seine Heerde zuschicken sollte, wo er sodann Wunder erfahren würde. Vieilleville diktierte selbst den Brief, nachdem ihn der Balafré von dem unter ihnen gewöhnlichen Styl benachrichtigt hatte. Der Tambour bestellt den Brief richtig und bringt die Antwort mit, daß von Mittwoch auf den Donnerstag (es war Dienstag) um Mitternacht die Truppen da sein sollten.

Um sein Vorhaben noch besser zu decken, ließ Vieilleville seine Capitäns rufen und sagte ihnen, daß der Herr von Vaudemont, mit dem er in Feindschaft lebte, vom Hof zurückkomme, und daß er ihm entgegen gehen wolle, doch nicht als Hofmann, sondern im kriegerischen Ornat und als zum Streit gerüstet. Sie sollten daher alles sogleich in den Stand setzen, und er wolle morgen gegen fünf Uhr mit tausend Mann Schützen und seiner ganzen Cavallerie ihm entgegen gehen; er hoffe, daß dieses Zeichen der Aussöhnung dem König wohl gefalle. Heimlich läßt er aber den Tambour kommen und geht mit ihm zu Beauchamp, wo Comba dem Grafen schreiben muß, daß sich alles über Erwartung gut anlasse, indem Vieilleville mit seinen besten Truppen weggehe, und er also sicher kommen könne.

Der Graf von Mesgue, sehr erfreut darüber, bedient sich der nämlichen List und schreibt Vieillevillen, wie der Graf Aiguemont im Sinn habe, dem Herrn von Vaudemont entgegen zu gehen, und er daher, da sie sein Gebiet beträten, ihn davon benachrichtigen wolle, indem sie nicht im Sinn hätten, die geringste Feindseligkeit auszuüben, da ohnedem jetzt Waffenstillstand zwischen ihren Herren sei. Diesen Brief schickte er durch einen Courier ab. Dem Tambour aber gab er einige Zeilen mit, worin er den Comba benachrichtigt, daß er nur noch einen Tag länger warten solle, indem der Graf von Mansfeld bei der Partie sein wolle und auch noch Truppen mitbringe. Auf dieses ließ Vieilleville seine Capitäns wissen, daß Herr von Vaudemont einen Tag später nach Metz kommen würde, und sie also erst Donnerstags um vier Uhr abgehen würden.

Vieilleville hoffte gewiß, sie wieder in die Falle zu bekommen, allein das Projekt mißlang, denn der Capitän Beauchamp ließ sich durch die kläglichen Bitten des Comba bewegen, ihm Mittwochs um Mittagessenszeit seine Eisen auf kurze Zeit herunter zu nehmen. Er geht darauf in den Keller, um Wein zu holen, denn er traute sonst Niemanden, und Comba muß ihm leuchten. Wie er aber sich bückt, um den Wein abzulassen, gibt ihm Comba einen Stoß, daß er zur Erde fällt, springt die Treppe hinauf, läßt die Thüre fallen, schließt sie zu und geht auf die Alte los, bei der er in Beauchamps Quartier verborgen war; diese schlägt er so lange, bis sie ihm die Schlüssel der Thüre gibt, und so rettete er sich. Beauchamp schreit indessen wie rasend, bis man ihm aufmacht, wo er beinahe Hand an sich legte, als er die Thüren eröffnet findet. Er entschließt sich jedoch, zu Vieilleville zu gehen, der zwar schon gegessen, aber noch an der Tafel mit seinen Capitäns saß und von der bevorstehenden Reise sprach. Beauchamp ruft ihm gleich entgegen, daß Comba sich geflüchtet habe und er um Vergebung bitte. Vieilleville wirft sogleich seinen Dolch nach ihm, springt auf ihn zu und will ihn umbringen. Beauchamp aber flieht, und die andern Capitäns stellen sich bittend vor ihn. Sogleich wurden alle Thore geschlossen. Vaubonnet mit dreißig hereingekommenen verkleideten Soldaten sollte gefangen genommen werden; sie hatten aber schon Wind erhalten, und retteten sich mehrere, doch wurde der größte Theil auf der Flucht niedergemacht; einige warfen sich über die Mauern in den Fluß. Vieilleville ließ sogleich nach Comba und Beauchamp in der ganzen Stadt in jedem Hans nachsuchen, und erstern fand man bei einer Wäscherin verborgen. Er ließ dem Rädelsführer sogleich den Proceß machen. Comba und Vaubonnet wurden von vier Pferden zerrissen und die gefangenen verkleideten Soldaten theils gerädert, theils gehenkt. Der Graf von Mesgue bekam noch frühzeitig genug Nachricht davon und fing nun an zu glauben, Vieilleville habe einen Bund mit dem Teufel, da er auch die allergeheimsten Anschläge erführe.

Dieser vereitelte Anschlag war Vieillevillen so zu Herzen gegangen, daß er in eine tödtliche Krankheit fiel, wo man drei Monate lang an seinem Aufkommen zweifelte. Der König schickte einen seiner Kammerdiener nach Metz, um zu sehen, wie es mit Vieillevillen stünde, und schrieb selbst an ihn und versicherte seinem Schwiegersohn Espinay die Gouverneurstelle von Metz. Diese außerordentliche Gnade hatte einen solchen Einfluß auf ihn, daß sie ihn wieder ins Leben rief; auch besserte es sich mit ihm von diesem Tag an; er schickte einen Haufen Aerzte fort, welche ihm von verschiedenen Prinzen waren zugeschickt worden, und erholte sich ganz, obgleich sehr langsam, wieder. Er ging, sobald er das Reisen vertragen konnte, mit seiner Familie nach Durestal, wo er sich acht Monate aufhielt und seine Gesundheit wieder herstellte.

Sobald Vieilleville sich auf seinem Gut Durestal ganz erholt hatte, begab er sich gegen Ende des Jahres 1557 nach Paris zum König, wo er diejenigen Anstalten verabredete, die sich in seinem Gouvernement von Metz nöthig machten; besonders suchte er die Garnison daselbst zu beruhigen, der man vier Monate schuldig und die deßhalb zum Aufruhr sehr geneigt war. Diese außenbleibende Zahlung setzte den unterdessen in Metz commandierenden Herrn von Sennecterre in große Verlegenheit, denn man hatte aus dieser Stadt zwölf Compagnieen regulärer Truppen gezogen, um sie zu einer Expedition nach Neapel zu brauchen, und hatte dafür so viel von der Miliz von Champagne und Picardie, die undiscipliniertesten Truppen von der Welt, hineingelegt; ohne einige alte Officiere und ohne die Gendarmes würde Herr von Sennecterre nicht mit ihnen fertig geworden sein. Vieilleville schrieb indessen an den Großprofoßen von Metz, unfehlbar genaue Untersuchungen über dieses tumultuarische Betragen anzustellen und auch dabei die Capitäns, die dergleichen begünstigt, nicht zu verschonen, denn er wolle das Sprichwort:»Erst muß man den Hund und dann den Löwen schlagen,« umkehren, und er habe es sich geschworen, die Löwen recht zu striegeln, damit die Hunde zittern und vor Furcht umkommen möchten.

Vieilleville kam ganz unversehens eines Morgens mit siebenzig Pferden vor den Thoren von Metz an, welches die Schuldigen in großes Schrecken setzte. Der Großprofoß fand sich sogleich mit seinem Untersuchungsgeschäft ein, und kurz darauf, nachdem auf verschiedenen Plätzen starke Detaschements ausgestellt waren, wurden drei Capitäns, die beschuldigt wurden, daß sie sich an der Person des Herrn von Sennecterre vergriffen und auf seine Wache geschossen, vor ihn gebracht. Hier mußten sie auf den Knieen Abbitte thun; der Scharfrichter war nicht weit entfernt, der ihnen sodann, nachdem sie in einen Keller geführt worden, die Köpfe abschlug. Diese Köpfe wurden an die drei Hauptplätze zum großen Schrecken der Miliztruppen, die unter dem Namen Legionnaires dienten, aufgesteckt. Sobald diese sich auch nur zeigten oder zusammentraten, um vielleicht Vorstellungen zu thun, wurden sie sogleich zurückgestoßen, ja oft mit Kugeln abgewiesen. Hundert von diesen Soldaten hatten sich doch mit den Waffen auf einem Platz versammelt. Vieilleville erfuhr es und schickte sogleich den Sergent-Major St. Chamans dahin ab mit einer zahlreichen Bedeckung, um sie zu fragen, was sie da zu thun hätten. Sie waren so unklug, zu antworten, daß sie ihre Kameraden hier erwarteten, um Rechenschaft über ihre Capitäns zu haben. Kaum hatten sie dies gesagt, so ließ St. Chamans eine solche Salve geben, daß vierzig bis fünfzig sogleich auf dem Platze blieben und die andern davon liefen, die jedoch alle arretiert und hingerichtet wurden. Die drei Lieutenants der enthaupteten Capitäns fürchteten, es möchte auch an sie die Reihe kommen, ließen also Vieilleville um ihren Abschied bitten, denn sie konnten ohne diesen nicht aus den Thoren kommen, da sie sehr gut besetzt waren. Er unterzeichnete ihn aber nicht, sondern ließ ihnen nur mündlich sagen: sie könnten gehen, wohin sie wollten; dergleichen Aufrührer brauchte weder der König, noch er. Sie machten sich sogleich auf und zogen zum Thor hinaus, hatten aber auch bei hundert Soldaten von ihrer Compagnie überredet, mitzugehen. Vieilleville erfuhr dieses und schickte sogleich ein Commando nach und ließ alle niedermachen. Kaum durfte einer von den Legionnaires sich regen, so wurde er bei dem Kopf genommen, und zwar waren ihre Hauswirthe die ersten, welche die Schuldigen verriethen. Sie wurden dadurch so in Angst gebracht, daß sie nicht wußten, was sie thun sollten, bis man ihnen endlich rieth, sich an den Schwiegersohn von Vieilleville, Herrn von Espinay, zu wenden, um ihre Verzeihung zu erhalten, welches auch geschah, und Vieilleville ließ sie alle vor sich kommen, wo er ihnen noch eine große Strafpredigt hielt und sie sodann aufstehen hieß, denn sie lagen alle vor ihm auf den Knieen. Diese Aussöhnung erregte eine große Freude, und das mit Recht, denn Vieilleville hatte schon die Idee, als er erfuhr, daß die Legionnaires unter dem Herrn von Sennecterre zehn Tage lang nicht auf die Wache gezogen und also die Stadt unbewacht gelassen, alle vor die Thore hinausrufen, sie da umzingeln und zusammenschießen zu lassen. Vieilleville glaubte aber doch noch immer vorsichtig sein zu müssen, und machte drei Monate lang die Runden in der Stadt immer selbst, und das oft viermal die Woche. Einmal trifft er einen Legionnaire schlafend unter dem Gewehr an, den er sogleich mit den Worten niederstieß: er thue ihm nichts zu leid, denn er ließe ihn da, wie er ihn gefunden, und er solle wenigstens zum Exempel dienen, wenn er nicht zur Wache dienen wolle.

Vieilleville, nachdem er alles in Ordnung gebracht hatte, nahm sich nun vor, den Deutschen Thionville abzunehmen, und ließ sich deßhalb in größter Eile und sehr geheim einen gewissen Hans Klauer von Trier kommen, dem er einmal das Leben geschenkt und als einen tüchtigen Kerl hatte kennen lernen. Diesen beschenkte er sogleich und suchte ihn zu seinen Projekten geschickt zu machen. Er versprach ihm noch überdies eine Compagnie deutscher Reiter in des Königs Sold zu verschaffen, wenn er nach Thionville ging, den ganzen Zustand des Orts und die Stärke der Besatzung bis auf das Maß der Gräben erforschte und ihm in acht Tagen Nachricht gäbe. Nur solle er Morgens vor Tag aus einem, dem Weg nach Thionville entgegengesetzten Thore gehen, an dem er sich selbst befinden wolle, um ihm zu sagen, was ihm allenfalls noch eingefallen wäre.

Hans Klauer brachte ihm auch in acht Tagen einen so umständlichen Bericht von Thionville, daß Vieilleville über seinen Fleiß und Geschicklichkeit ganz erstaunt war und ihm sogleich eine Summe zustellte, mit der er nach Trier zurückgehen und eine Compagnie Reiter aufrichten sollte; doch sollte sie durchgängig nur aus geborenen Deutschen bestehen. Diesen Bericht über Thionville ließ Vieilleville durch seinen Secretär Carloix sehr studieren und gleichsam auswendig lernen und schickte ihn zum König, damit er, wenn er vom Feinde würde aufgefangen werden, desto leichter durchkäme. Dieser traf den König in Amiens und berichtete ihm, daß Vieilleville in sieben Tagen Thionville wegzunehmen sich anheischig mache, und da er wisse, daß alle Truppen nach Italien geschickt seien, so wolle er sechs Regimenter Landsknechte und sieben Compagnieen Reiter in Deutschland werben lassen; auch habe er dazu durch seinen Kredit hunderttausend Livres irgendwo gefunden. Der König genehmigte alles sogleich, lobte Vieillevillen sehr darüber, daß er immer wachsam und in seinem Dienst geschäftig sei, wies ihm die Einnahme der ganzen Provinz Champagne zu dieser Expedition an und ernannte ihn zum Generallieutenant der Armee in Champagne, Lothringen, dem Lande Messin und Luxemburg. Die Werbung in Deutschland ging so gut von Statten, daß in kurzem die verlangten Regimenter marschieren konnten.

Sobald Vieilleville dieses erfuhr, zog er mit seiner Besatzung aus Metz gegen Thionville, ließ die Truppen, welche zu Toul und Verdun in Besatzung lagen, zu ihm stoßen und eröffnete, zu nicht geringem Erstaunen des Grafen von Carebbe, der in Thionville commandierte, die Belagerung dieser Stadt. Gegen Luxemburg schickte er sechs Compagnieen zu Fuß, um von Thionville aus mit dem Grafen von Mesgue die Communication zu verhindern. Jetzt kam auch seine Artillerie an, die er in seinem Arsenal zu Metz hatte zurichten lassen; sie bestand aus zwölf Kanonen von starkem Kaliber, aus zehn Feldschlangen von achtzehn Fuß lang und auf andern leichten Stücken. Kurz darauf trafen auch die fremden Truppen ein, und alles dieses zusammen machte eine gar artige kleine Armee aus, denn es waren nur allein sechs junge deutsche Prinzen aus den Häusern Lüneburg, Simmern, Württemberg u. a. dabei, die sich unter einem so großen Meister in den Waffen versuchen wollten. Die ganze Armee mochte ungefähr aus zwölftausend Mann bestehen.

Unterdessen war der Herzog von Guise aus Italien zurückgekommen und, da der Connetable bei St. Quentin gefangen war, zum Generallieutenant von ganz Frankreich ernannt worden. Dieser bekam Nachricht von der Armee des Vieilleville und schickte sogleich einen Courier an ihn ab, der eben ankam, als die Artillerie anfangen sollte, gegen die Stadt zu spielen. Vieilleville bekam ein Schreiben, des Inhalts: daß er warten möchte, indem der Herzog dabei sein und die Entreprise führen wollte, wie es ihm als Generallieutenant von Frankreich zukäme.

Vieillevillen war diese Dazwischenkunft höchst unangenehm; er ließ sich aber jedoch nichts merken und sagte dem Courier, daß der Herzog von Guise willkommen sein und man ihm wie dem Könige gehorchen würde. Es wäre aber dem Unternehmen auf Thionville nichts so nachtheilig als der Verzug, und er sähe wohl voraus, daß die Verzögerung der Ankunft des Herzogs den Dienst des Königs bei dieser Sache nichts weniger als befördern würde. Der Courier versicherte ihn, daß er in zehn Tagen hier sein würde. »Was,« sagte Vieilleville, »wenn er mir die Hände nicht gebunden hätte durch seinen Titel als Generallieutenant von ganz Frankreich, so stehe ich mit meinem Kopf dafür, ich wäre in zwei Stunden in Thionville und vielleicht in Luxemburg gewesen. Jetzt wird er vielleicht in drei Wochen nicht ankommen, und der Graf von Mesgue hat gute Zeit, sich in Luxemburg festzusetzen.«

Der Herzog von Guise kam auch wirklich erst in zwanzig Tagen an. Voraus schickte er den Großmeister der Artillerie nach Metz, um alles anzusehen. Dieser fand eine solche Ordnung und so hinreichende Maßregeln bei dieser Unternehmung, daß er öffentlich behauptete, der Herzog von Guise hätte wohl wegbleiben können, und es müsse einen Mann von Ehre sehr verdrießen, wenn die Prinzen ihnen kein Glück gönnten und da, wo Ehre einzuernten sei, gleich kämen und ihnen die Frucht ihrer Mühe und Arbeit wegnähmen. Der Herzog hat gut hinunter schlucken, rief er endlich ganz entrüstet aus, denn er findet alles vorgekaut. Als der Herzog die ganze Artillerie musterte, riefen Officiere zum großen Gelächter: »Nur fort, vor Thionville, wo wir alle sterben wollen; es ist schon lange, daß wir Sie erwarten.«

Nun sollte Kriegsrath gehalten werden, wo der Ort am besten anzugreifen sei. Vieilleville sagte, daß er nicht so lange gewartet, um dieses zu erfahren, und er zeigte ein kleines Thürmchen, wo er auf sein Leben versicherte, daß dieses der schwächste Ort der Stadt sei. Allein der Marschall von Strozzy antwortete, daß man vorher die Meinung der andern Befehlshaber hören müsse. Sie versammelten sich daher aufs neue in der Wohnung des Herzogs. Als sie dahin gingen, nahm Herr von La Marc Vieillevillen bei Seite und sagte ihm, daß er in dem Kriegsrath nicht auf seiner Meinung bestehen solle, denn der Herzog und Strozzy hätten schon beschlossen, Thionville an einem andern Ort anzugreifen, damit er die Ehre nicht haben sollte; auch sei der Herzog sehr aufgebracht, daß Vieilleville den Titel eines Generallieutenants über diese Armee ausgewirkt habe, denn er behauptete, es könne nur einen einzigen geben, und dieser sei er selbst.

In dem Kriegsrath stellte Strozzy nun vor, daß die Stadt von der Seite des Flusses und nicht bei dem kleinen Thurm müsse angegriffen werden, welcher Meinung auch alle Anwesenden beipflichteten, da sie Strozzy als einen vortrefflichen und erfahrenen Feldherrn ansahen. Der Herzog fragte jedoch auch Vieillevillen darum, der dann antwortete, wenn er das Gegentheil behauptete, müsse er das ganze Conseil widerlegen, und er wolle sich nur dabei beruhigen, damit er in dem Dienst des Königs keinen Aufenthalt verursache.

Nun wurden die Kanonen aufgepflanzt und so gut bedient, daß in kurzer Zeit über dem Fluß die feindliche Artillerie zerschmettert wurde und eine ansehnliche Bresche entstand; jetzt triumphierte schon der Herzog und Strozzy, und es wurde mit Verachtung von dem Plan Vieillevilles gesprochen. Ein Hauptsturm wurde angestellt, die Soldaten mußten durch den Fluß waten; allein sie wurden bald abgewiesen und konnten nicht einmal handgemein werden; denn es fanden sich Schwierigkeiten mancher Art, die man nicht vorausgesehen hatte. Der Herzog und Strozzy waren sehr verlegen darüber; um aber doch ihren Plan auszuführen, ließen sie mit unendlicher Mühe die Kanonen über den Fluß bringen, und es gelang ihnen, sie bei der Bresche aufzuführen. Jetzt aber entdeckten sie, woran der Marschall nicht gedacht hatte, einen breiten Graben von vierzig Fuß Tiefe; diesen beim Sturmlaufen hinunter und wieder heraufzukommen, war unmöglich, und so geschah es sehr wunderbar, daß unsere Kanonen auf den Mauern standen und wir doch nicht in die Stadt konnten.

Den sechzehnten Tag der Belagerung befahl Strozzy, auch die Feldschlangen über den Fluß zu bringen und die Stadt zusammen zu schießen. Er wagte sich selbst so weit, daß er eine Musketenkugel in den Leib bekam, woran er nach einer halben Stunde starb. Der Herzog stand neben ihm, diesem sagte er:»Beim Henker, mein Herr, der König verliert heute Deinen treuen Diener und Eure Gnaden auch.« Der Herzog erinnerte ihn, an sein Heil zu denken und nannte ihm den Namen Jesus.»Was für einen Jesus führt Ihr mir hier an? Ich weiß nichts von Gott – mein Feuer ist aus« – und als der Prinz seine Ermahnungen verdoppelte und ihm sagte, daß er bald vor Gottes Angesicht sein werde, antwortete er:»Nun beim T—! ich werde da sein, wo alle Anderen sind, die seit sechstausend Jahren gestorben,« und mit diesen Worten verschied er. So endigte sich das Leben eines Mannes, der keine Religion hatte, wie er schon den Abend vorher, da er bei Vieilleville speiste, zu erkennen gab, als er anfing, zu fragen: Und was machte Gott, ehe er die Welt schuf? worauf Vieilleville ganz bescheiden sagte: daß nichts davon in der heiligen Schrift stehe, und da, wo sie nichts sagte, man auch nicht weiter forschen solle. Es ist eine ganz artige Sache, sagte Strozzi darauf, diese heilige Schrift, und sehr wohl erfunden, wenn sie nur wahr wäre; worauf Vieilleville sich stellte, als wenn er die Kolik hätte, und hinaus ging und ein Gelübde that, mit einem solchen Atheisten niemals etwas zu thun zu haben.

Jetzt wendete sich der Herzog an Vieilleville, erinnerte ihn an sein Versprechen, das er dem König gethan, Thionville in sieben Tagen einzunehmen, und bat ihn, alles so auszuführen, wie er es für gut finde; er wolle sich in nichts mehr mengen. Nun fing Vieilleville mit unermüdetem Fleiß auf seiner Seite die Trancheen an, ließ Artillerie von Metz kommen, und schon den dritten Tag wurde das kleine Thürmchen zusammengeschossen, den sechsten wagte man einen Generalsturm, Vieilleville an der Spitze, allein er wurde abgeschlagen, und es blieben viele Leute dabei, unter andern auch Hans Klauer. Vieillevillen wurde der Kamm oben an seinem Helm weggeschossen; nach einer kurzen Erholung aber nahm er neue Truppen und setzte den Sturm so heftig fort, daß er mit dreißig Mann in die Stadt drang; Carebbe erschrak darüber und capitulirte sogleich. Die ganze Garnison und alle Einwohner mußten den andern Morgen aus der Stadt ziehen, und es war erbärmlich anzusehen, wie Greise, Väter und Kinder, Kranke und Verwundete ihre Heimath verließen. Jedermann hatte Bedauern mit ihnen, nur der Herzog von Guise blieb hart dabei. In Thionville wurden nun französische Unterthanen gesetzt, an welche die Häuser verkauft wurden; das daraus gelöste Geld stellte Vieilleville theils dem königlichen Schatzmeister zu, theils belohnte er damit seine Soldaten, die ihm bei der Belagerung gute Dienste geleistet hatten. Er selbst behielt nichts davon, ob er gleich das größte Recht daran hatte.

Er vermuthete immer, der König von Spanien werde vor Thionville kommen, und war fest entschlossen, diese Stadt zu behaupten, indem er es sich zur Ehre rechnete, gegen einen so mächtigen Monarchen, den Sohn Kaiser Karls V., zu fechten. Allein der König von Spanien zog mit einem beträchtlichen Heer gegen Amiens, der König von Frankreich ihm entgegen und schickte Vieillevillen deßwegen den Befehl, ihm so viel Truppen als möglich zuzuschicken. Beide Heere, jedes von sechstausend Mann, standen jetzt gegen einander; beide Könige wünschten den Frieden, aber keiner wollte die ersten Vorschläge thun.

Vieilleville, der diese Verlegenheit in der Ferne merkte, schickte in der größten Stille und ohne Jemandes Wissen einen sehr kühnen und beredten Mönch zum König von Spanien; dieser mußte ihm, als aus Eingebung Gottes, vom Frieden reden. Er wurde gnädig angehört und ihm aufgetragen, eben diese Eingebungen dem König von Frankreich vorzutragen, und so wurde die Negociation angefangen, wofür der König Vieillevillen den größten Dank schuldig zu sein glaubte, indem er auch hier durch feine Klugheit aus der Ferne hergewirkt und so vieles Blut geschont habe, das durch eine Schlacht würde vergossen worden sein.

Nachdem nun der Friede geschlossen worden, wünschte der König Vieillevillen zu sprechen, und er wurde beordert, an den Hof zu kommen, wo er sehr gut empfangen wurde; besonders gefiel es der Königin sehr wohl, daß er nach der Belagerung von Thionville unter die deutschen Prinzen und Feldherren goldene Medaillen vertheilt habe, auf deren einer Seite des Königs und auf der andern Seite der Königin Brustbild vorgestellt war, und dieses letztere so gleichend, daß auch der berühmteste Künstler im Porträtieren damaliger Zeit, Namens Janet, dieses gestehen mußte. Der König unterhielt sich oft und viel mit Vieilleville und kam selbst darauf zu reden, daß der Herzog von Guise das Unternehmen auf Luxemburg und die schnelle Eroberung von Thionville gehemmt habe. Auch fragte er nach dem kläglichen Ende des Marschalls Strozzy, wo aber Vieilleville als feiner Hofmann antwortete, daß man hier die Gnade Gottes obwalten lassen müsse und es nicht schicklich sein würde, dieses weiter zu verbreiten. Strozzy war nämlich nahe mit der Königin verwandt. Bei dieser Gelegenheit bekam Vieilleville das Brevet als Marschall von Frankreich, und der König machte ihm den Vorwurf, warum er ihm nicht sogleich um diese Charge geschrieben habe, als Strozzy gestorben, wo er sie dann gewiß ihm und nicht dem Herrn von Thermes würde gegeben haben. Vieilleville antwortete darauf: daß er seinem König nicht zugemuthet hätte, so lange der Feldzug dauerte, diese Charge zu besetzen, indem Alle, die darauf Anspruch machten, sich hervorthun würden, um sie zu verdienen, hingegen von der Armee abgehen würden, wenn die Ernennung geschehen sei; wie dies auch wirklich nach der Ernennung des Herrn von Thermes der Fall war, wo zehn bis zwölf Große mit fast zweitausend Pferden die Armee verließen.

Der König wünschte, daß Vieilleville den Friedensunterhandlungen mit Spanien in Chateau Cambresis beiwohnte, welches er auch that und durch seine weisen Rathschläge es in kurzem so weit brachte, daß sie den 7. April 1559 abgeschlossen wurden, mit welcher Nachricht er selbst an den König geschickt wurde. Der König erklärte bei dieser Gelegenheit, daß Frankreich und ganz Europa, nach Gott, diesen Frieden Niemand als ihm schuldig sei, denn durch den Mönch habe er den ersten Anstoß geben lassen. Der Schatzmeister mußte vierzehn Säcke, jeden mit tausend Thalern, bringen, wovon der König ihm zehn und seinem Schwiegersohn und Neffen, Espinay und Thevalles, vier schenkte.

Kurz darauf trafen die spanischen Gesandten in Paris ein; es befanden sich dabei außer dem Herzog von Alba fünfzehn bis zwanzig Prinzen, denen einen ganzen Monat lang große Fêten gegeben wurden. Während derselben suchte der Cardinal von Lothringen den König zu überreden, eine Sitzung im Parlament zu halten und ein Mercuriale daselbst anzustellen. Es hat dies den Namen von dem Mittwoch (Dies Mercurii) weil an diesem Tag sich alle Präsidenten und Räthe, gegen hundert bis hundert und zwanzig Personen, in einem großen Saal versammeln, um über die Sitten und sowohl öffentliche als Privatlebensart dieses Gerichtshofes Untersuchung anzustellen. Der König sollte bei einer solchen Gelegenheit durch seinen Generalprocurator vortragen lassen, daß unter ihrem Corps Manche sich befänden, deren Glauben verdächtig sei und die der falsche Lehre Luthers anhingen; man könne es schon daraus schließen, daß Alle, die der Ketzerei beschuldigt würden, losgesprochen und kein einziger zum Tod verdammt würde.»Und sollte dieses,« setzte der Cardinal hinzu,»auch nur dazu dienen, dem König von Spanien zu zeigen, daß Ew. Majestät fest am Glauben halten, und daß Sie in Ihrem Königreiche nichts dulden wollen, was Ihrem Titel als Allerchristlichster König entgegen ist. Es würde den Prinzen und Großen Spaniens, die den Herzog von Alba hieher begleitet haben, um die Heirath ihres Königs mit Ew. Majestät Tochter zu feiern, ein sehr erbauliches Schauspiel sein, ein halbes Dutzend Parlamentsräthe auf öffentlichem Platz als lutherische Ketzer verbrennen zu sehen.« Der König verstand sich zu einer solchen Sitzung und bestimmte sie gleich auf den andere Tag.

Vieillevillen, der, als erster Kammerjunker, in des Königs Zimmer schlief, sagte der König, was er vorhabe, worauf jener antwortete, daß der Cardinal und die Bischöfe dieses wohl thun könnten, für

Se. Majestät schicke es sich aber nicht; man müsse den Priestern überlassen, was nur eine Priestersache sei. Da der König demungeachtet bei seinem Vorhaben blieb, erzählte ihm Vieilleville, was einsmal zwischen König Ludwig XI. und dem Marschall von Frankreich, Johann Rouault, vorgefallen. Ludwig XI., bei welchem der Bischof von Angiers sehr in Gnaden stand, befahl diesem, nach Lyon zu gehen und die sechstausend Italiener in Empfang zu nehmen, die man ihm als Hilfstruppen zuschickte. Der Marschall, der zugegen war und es übel aufnahm, daß man nicht an ihn dachte, stellte sich gleich darauf dem König mit dreißig bis fünfzig Edelleuten gestiefelt und gespornt vor und fragte ganz trotzig, ob Se. Majestät nichts nach Angiers zu befehlen habe? Der König fragte, was ihn so schnell und so unvermuthet dahin führe? Der Marschall antwortete, daß er dort ein Kapitel zu halten und Priester einzusetzen habe, indem er eben sowohl den Bischof vorstellen könne, als der Bischof den General vorstelle. Der König schämte sich darüber, daß er die Ordnung so umgekehrt, ließ den Bischof, der schon auf der Reise war, wieder zurückrufen und schickte den Marschall nach Lyon. Eben so, fuhr Vieilleville fort, müßte der Cardinal, wenn Ew. Majestät die Geschäfte eines Theologen oder Inquisitors versähen, uns Soldaten lehren, wie man die Lanze bei Turnieren fällt, wie man zu Pferde sitzen muß, wie man salutiert und rechts und links ausbeugt. Ueberdies wollten Ew. Majestät die Freude mit der Traurigkeit paaren? Denn letzteres würde der Fall sein, wenn solche blutige Hinrichtungen während der Hochzeitfeierlichkeiten vorfielen.

Der König nahm sich hierauf vor, nicht hinzugehen. Der Cardinal erfuhr es sogleich, und da er in der Nacht den König nicht sprechen konnte, versammelte er die ganze Geistlichkeit den andern Morgen mit dem Frühesten bei dem König und machte ihm die Hölle so heiß, daß er glaubte schon verdammt zu sein, wenn er nicht hinginge, und der Zug setzte sich sogleich in Marsch. Bei der Sitzung selbst vertheidigte einer der angeklagten Räthe, Anne du Bourg, seine Religion mit solchem Eifer und Festigkeit, daß der König sehr aufgebracht wurde; auch hörte er, als er durch die Straßen zurückging, vieles Murren, so daß er nachher gestand, wie es ihn sehr gereue, den Rath des Vieilleville nicht befolgt zu haben.

Den ersten Juni 1559 eröffnete der König das große Turnier, mit welchem die Vermählung der Prinzessin Elisabeth mit Philipp II. gefeiert wurde, und die Spanier zeigten sich bei dieser Gelegenheit besonders ungeschickt. Vieilleville hob sogar, was noch nie gehört worden, einen Spanier, der gegen ihn rannte, aus dem Sattel und warf ihn über die Schranken mit einer unglaublichen Leichtigkeit und Geschicklichkeit. Um einigermaßen von diesen körperlichen Anstrengungen in den Turnieren auszuruhen, ging die Hochzeit der Madame Elisabeth mit dem König von Spanien, in dessen Namen der Herzog von Alba sie heirathete, vor. Die friedlichen Feierlichkeiten dauerten gegen acht Tage; der König brach sie ab, weil er leidenschaftlich das Turnieren liebte und dieses wieder anfangen wollte.

Vieilleville rieth dem König davon ab, indem sich die französische Noblesse schon hinreichend gezeigt hätte, es jetzt auch Zeit sei, an die Hochzeit des Herzogs von Savoyen mit Madame Margaretha, seiner Schwester, zu denken. Der König antwortete darauf, daß erst gegen Ende des Julius alles dazu bereit sein könne, indem er Piemont, Savoyen und mehrere andere Besitzungen bei dieser Gelegenheit abtreten wolle. Vieilleville war ganz erstaunt darüber und sagte dem König offenherzig, wie er nicht begreifen könne, wegen einer Heirath Länder wegzugeben, die Frankreich mehr als vierzig Millionen und hunderttausend Menschen gekostet hätten. Einer königlichen Prinzessin gäbe man höchstens hundert und fünfzigtausend Thaler mit, und wenn auch Madame Margaretha ihr Leben in einer Abtei endigte, so würde dieses nicht der erste und letzte Fall bei einer königlichen Prinzessin sein, die ohnedem schon vierzig Jahr alt sei. Der Connetable, der dieses alles statt seiner Ranzion verhandele, übe sein Recht wohl aus, denn man sage gewöhnlich, daß in einer großen Noth ein Connetable den dritten Theil vom Königreich versetzen dürfe.

Auf diese und mehrere Vorstellungen verwünschte der König die Stunde, daß er nicht mit Vieillevillen von dieser Sache gesprochen, und es sei jetzt zu spät; er würde sich aber an den Connetable halten, der ihn zu diesen Schritten verleitet habe. Kurz darauf trat ein Edelmann herein und brachte dem König die abgeschlossenen Artikel, worin bemerkt war, daß Frankreich das Marquisat Saluzzo behielte. Als der König dieses gelesen hatte, theilte er die Nachricht sogleich Vieillevillen mit, mit der Aeußerung, daß sein Vater Unrecht gehabt, einen Fürsten seiner Länder zu berauben, und daß er als guter Christ und um die Seele seines Vaters zu retten, die Länder dem Herzog von Savoyen gerne herausgäbe. Wie Vieilleville sah, daß der König hier die Frömmigkeit und das Christenthum ins Spiel brachte und seinen Vater sogar der Tyrannei beschuldigte, schwieg er, und es reute ihn, nur so viel gesagt zu haben.

Den letzten Junius 1559 wurde des Morgens ein großes Turnier auf den Nachmittag angesagt. Nach der Tafel zog sich der König aus und befahl Vieillevillen, ihm die Waffen anzulegen, obgleich der Oberstallmeister von Frankreich, dem dieses Geschäft zukam, zugegen war. Als Vieilleville ihm den Helm aufsetzte, konnte er sich nicht entbrechen, zu seufzen und zu sagen, daß er nie etwas mit mehr Widerwillen gethan. Der König hatte nicht Zeit, ihn um die Ursache zu fragen, denn indem trat der Herzog von Savoyen herein. Das Turnier fing an. Der König brach die erste Lanze mit dem Herzog. die zweite mit dem Herrn von Guise, endlich kam zum dritten der Graf von Montgomery, ein großer, aber steifer junger Mensch, der seines Vaters, des Grafen von Sorges und Capitäns von der Garde, Lieutenant war. Es war die letzte, die der König zu brechen hatte. Beide trafen mit vieler Geschicklichkeit auf einander, und die Lanzen brechen. Jetzt will Vieilleville des Königs Stelle einnehmen, allein dieser bittet ihn, noch einen Gang mit Montgomery zu machen, denn er behauptete, er müsse Revanche haben, indem er ihn wenigstens aus dem Bügel gebracht habe. Vieilleville suchte den König davon abzubringen, allein er bestand darauf. »Nun, Sire,« rief Vieilleville aus,»ich schwöre bei Gott, daß ich drei Nächte hindurch geträumt habe, daß Eurer Majestät heute ein Unglück zustoßen und dieser letzte Junius Ihnen fatal sein wird.« Auch Montgomery entschuldigte sich, daß es gegen die Regel sei; allein der König befahl es ihm, und nun nahm er eine Lanze. Beide stießen jetzt wieder auf einander und brachen mit großer Geschicklichkeit ihre Lanzen. Montgomery aber warf ungeschickter Weise den gesplitterten Schaft nicht aus der Hand, wie es gewöhnlich ist, und traf damit im Rennen den König an den Kopf gerade in das Visier, so daß der Stoß in die Höhe ging und das Auge traf. Der König ließ die Zügel fallen und hielt sich am Hals des Pferdes; dieses rannte bis auf Ziel, wo die zwei ersten Stallmeister, dem Gebrauch gemäß, hielten und das Pferd auffiengen. Sie nahmen ihm den Helm herunter, und er sagte mit schwacher Stimme, er sei des Todes. Alle Wundärzte kamen zusammen, um den Ort des Gehirns zu treffen, wo die Splitter stecken geblieben, aber sie konnten ihn nicht finden, obgleich vier zum Tode verurteilten Missethätern die Köpfe abgeschlagen wurden, Versuche daran anzustellen, indem man Lanzen daran abstieß.

Den vierten Tag kam der König wieder zu sich und ließ die Königin rufen, der er auftrug, die Hochzeit doch sogleich vollführen zu lassen und Vieillevillen, der schon das Brevet als Marschall von Frankreich hatte, wirklich dazu zu machen. Die Hochzeit ging traurig vor sich, der König hatte schon die Sprache verloren, und den Tag darauf, den 10. Julius 1559, gab er den Geist auf. Vieilleville verlor an ihm einen Herrn, der ihn über alles schätzte und ihn sogar zum Connetable einst würde ernannt haben, wie er sich schon hatte verlauten lassen. In den letzten Zeiten hatte er ihm, um ihn immer um sich zu haben, sein Departement von Metz abgenommen und es dem Herrn von Espinay gegeben; Vieilleville aber war Gouverneur von Isle de France geworden.

Die unrechtmäßige Gewalt, deren sich die Guisen nach dem Tod Heinrichs II. anmaßten, verursachte die bekannte Verschwörung von Amboise. Ein gewisser la Renaudie versicherte sich dreißig erfahrner Capitäns und legte um den Aufenthalt des jungen Königs fünfhundert Pferde und vieles Fußvolk herum, in der Absicht, die Guisen gefangen zu nehmen und dem König seine Freiheit zu geben. Es wurde dieses auch klar am Hofe, und die Nachricht beunruhigte den König und die Guisen sehr. Vieilleville sollte an dieses Corps geschickt werden, um sie zu fragen, ob sie die Franzosen um den Ruhm und die Ehre bringen wollten, unter allen Nationen ihrem Fürsten am treusten und gehorsamsten zu sein? Dieser Auftrag setzte Vieillevillen in einige Verlegenheit. Er selbst war von der widerrechtlich angemaßten Gewalt der Guisen überzeugt und wollte sich zu einer Gesandtschaft nicht brauchen lassen, wo er gegen seine Ueberzeugung reden mußte; durch eine feine Wendung überhob er sich derselben, indem er dem König antwortete:»Da der Fehler dieses Corps, an das Ew. Majestät mir die Ehre anthun wollen, mich zu schicken, so groß ist, daß es eine wahre Rebellion genannt werden kann, so würden sie mir nicht glauben, wenn ich ihnen Verzeihung verkündigte. Es muß dieses ein Prinz thun, damit sie versichert sind, es sei dieses ein königliches Wort, das Eure Majestät schon um Dessentwillen, der es überbracht hat, nicht zurücknehmen werden.«

Vieilleville hatte richtig geurtheilt; er wurde mit diesem Auftrag verschont, und der Herzog von Nemours, der an die Rebellen geschickt wurde, hatte den Verdruß, daß die fünfzehn Edelleute, die auf des Königs und sein Wort ihm gefolgt waren, sogleich gefangen und in Fesseln geworfen wurden. Auf alle Beschwerden, welche der Herzog deßhalb vorbrachte, antwortete der Kanzler Olivier immer, daß kein König gehalten sei, sein Wort gegen Rebellen zu halten. Diese fünfzehn Edelleute wurden durch verschiedene Todesarten hingerichtet, und sie beschwerten sich alle nicht sowohl über ihren Tod, als über die Treulosigkeit des Herzogs von Nemours. Einer von ihnen, ein Herr von Castelnau, warf ihm sogar diese Wortbrüchigkeit noch auf dem Schaffot vor, tauchte seine Hände in das rauchende Blut seiner so eben hingerichteten Kameraden, erhob sie gen Himmel und hielt eine Rede, die Alle bewegte und bis zu Thränen rührte. Der Kanzler Olivier selbst, der sie zum Tode verdammt hatte, wurde so sehr dadurch betroffen, daß er krank nach Hause kam und einige Tage darauf starb. Kurz vor seinem Ende besuchte ihn der Cardinal von Lothringen selbst, dem er, als er wegging, nachrief:»Verdammter Cardinal, dich bringst du um die Seligkeit und uns mit dir!«

Hingegen konnte Vieilleville den Auftrag nicht ausschlagen, nach Orleans zu gehen, um hier den Rest der Verschwornen zu zerstreuen. Er that dieses mit so viel Klugheit und Eifer, daß es ihm gelang, sechshundert Mann zu überfallen und so niederzumachen; die Gefangenen, worunter der Capitän war, ließ er aber los, weil es ihm unmenschlich schien, Leute von Ehre, die ihren Dienst als brave Soldaten verrichteten, eines schmählichen Todes sterben zu lassen, welche Strafe ihnen gewiß war, wenn er sie würde eingeliefert haben.

Dieses glücklich ausgeführte Unternehmen setzte Vieilleville in große Gunst bei dem König und den Guisen. Es wurde ihm kurz darauf eine andere Expedition nach Rouen aufgetragen, wo die Reformierten unruhig gewesen waren. Er hatte fürchterliche Instruktionen dabei erhalten, denn ihm stand es frei, nicht nur Die umbringen zu lassen, die bei diesem Aufstand die Waffen genommen, sondern auch sogar Die, die ein Wohlgefallen daran gehabt. Vieilleville, der sieben Compagnieen Gendarmes bei sich hatte, ließ den größten Theil seiner Leute zurück und kam nach Rouen nur mit hundert Edelleuten, entwaffnete sogleich die Bürgerschaft, ließ ohne Ansehen der Religion dreißig der Hauptrebellen greifen und ihnen den Proceß machen, befahl aber ausdrücklich, daß man in dem Urtheil nichts von der Religion sagen, sondern sie nur als Rebellen gegen den König verdammen sollte. Auf diese Art stellte Vieilleville die Ruhe her und schonte den Parteigeist, der ohne Zweifel noch lauter würde erwacht sein, wenn er nur die Reformierten bestraft hätte.

Der Hof hielt sich in Orleans auf, als er wieder zurückkam, und eben damals war der Prinz von Condé, Bruder des Königs von Navarra, gefangen genommen worden. Um Vieillevillen zu prüfen, was er darüber dächte, befahl ihm der König, den Prinzen zu besuchen. Vieilleville war aber schlau genug, dieses zu merken, und sagte, daß er um das Leben nicht hingehen würde, denn er habe einen natürlichen Abscheu gegen alle Ruhestörer. Zugleich rieth er aber dem König, den Prinzen in die Bastille nur zu schicken, indem es Sr. Majestät zum großen Vorwurf gereichen würde, einen Prinzen von Geblüt, wenn er dem König nicht nach dem Leben gestrebt, hinrichten zu lassen. Der König nahm diesen Rath sehr wohl auf und gestand nachher Vieillevillen selbst, daß er ihn auf die Probe gesetzt habe.

Die Uneinigkeiten zwischen dem König von Navarra auf der einen Seite, und dem König und den Guisen auf der andern, wurden indessen immer größer; der König von Navarra wurde am Hof mit einer Geringschätzung behandelt, die Jedermann, nur die Guisen nicht, bewegte. Vieilleville forderte in diesen Zeiten die Erlaubniß, in sein Gouvernement zurückzukehren; allein besonders die Königin drang darauf, daß er bliebe. Man wollte ihn in diesen kritischen Zeiten am Hof haben, um seine Rathschläge, die immer sehr weise waren, zu benutzen, und dann hatte man ihn auch ausersehen, nach Deutschland zu reisen, um den mit dem König verbündeten Kurfürsten und Fürsten des Reichs die Verhältnisse mit dem König von

Navarra und seinem Bruder vorzustellen, damit der Hof nicht im unrechten Licht erschiene.

Allen diesen Uneinigkeiten machte der Tod König Franz' II. ein Ende, der den 5. December 1560 erfolgte. Jetzt wendete sich alles an den König von Navarra, und selbst die Königin, die als Vormünderin des jungen sechzehnjährigen Königs Karls IX. mitregierte, ernannte denselben zum Generallieutenant des Reichs. Eine weise Maßregel, um die verschiedenen Religionsparteien, die sehr unruhig zu werden anfingen, zufrieden zu stellen. Vieilleville hatte sie der Königin angerathen. Beide Guisen entfernten sich bei diesen ihnen ungünstigen Umständen; der Cardinal ging auf seine Abtei und der Herzog nach Paris, wo er viele Anhänger hatte. Hier schmiedete er mit seinen Anhängern, dem Connetable von Montmorency, dem Marschall von St. André und andern, seine Pläne, die Lutheraner zu vertilgen; und dieses ist die Quelle, aus der alle Unruhen entstanden, die hernach das Königreich verwüsteten. Da jetzt Vieilleville sah, daß der König von Navarra und die Königin gut miteinander standen, drang er darauf, in sein Gouvernement zurückzukehren, welches man ihm auch endlich verstattete. Er war aber nicht lange in Metz, so wurde er vor vielen Andern ausersehen, nach Deutschland als außerordentlicher Gesandter zu gehen, um dem Kaiser und den Fürsten die Thronbesteigung des jungen Königs bekannt zu machen.

Vieilleville unternahm sogleich die Reise in Begleitung von sechzig Pferden. Zuerst begab er sich zum Kurfürsten von Bayern nach Heidelberg, von da nach Stuttgart zum Herzog von Württemberg, dann nach Augsburg und von dieser Stadt nach Weimar, wo Vieilleville vom Herzog Johann Friedrich und Johann Wilhelm sehr wohl empfangen wurde. Er überbrachte ihnen ihre Pension, welche Heinrich II. ihnen als Nachkömmlingen Karls des Großen zugesichert hatte, jedem zu viertausend Thalern jährlich. Von Weimar reiste Vieilleville nach Ulm; von da wollte er nach Kassel, allein man widerrieth es ihm, weil die Wege so gar schlecht wären. Von Wien ging es nach Frankfurt, von da nach Prag und von Prag, nach einer seltsamen Reiseroute, nach Mainz, und nun wieder über Koblenz, Trier nach Metz.

Ueberall wurde Vieilleville mit großen Ehrenbezeugungen auf-
genommen, und besonders wohl ging es ihm in Wien. Gleich bei
der ersten Audienz beim Kaiser Ferdinand I. sagte ihm dieser: »Sein
Sie mir willkommen, Herr von Vieilleville, ob Sie mir gleich Ihr
Gouvernement von Metz und die übrigen Reichsstädte, welche
Frankreich dem deutschen Reich entzogen, nicht überbringen; ich
hoffte lange, Sie zu sehen.« Der Kaiser nahm ihn sogleich mit in sein
Zimmer, wo sie zwei Stunden ganz allein bei einander waren. Bei
dieser Gelegenheit wunderte sich Vieilleville, daß sie ganz allein ins
Zimmer kamen, indem es in Frankreich ganz anders war, wo die
Franzosen ihrem Herrn fast die Füße abtreten, um überall in Menge
hinzukommen, wo er hingeht. Vieilleville bemerkte ferner, und
dieses sogar gegen den Kaiser, wie es ihn befremdete, nach Wien
gekommen zu sein mit fünfzig bis sechzig Pferden und von Niemand befragt zu werden, woher er käme, oder wer er wäre; wie
gefährlich dieses sei, da ein Pascha nur dreißig Stunden von der
Stadt liege. Der Kaiser befahl sogleich, an jedes Thor starke Wachen
zu legen; doch schränkte er den Befehl, auf Anrathen Vieillevilles,
um den Pascha nicht aufmerksam zu machen, darauf ein, auf den
höchsten Thurm einen Wächter zu setzen, der immer auf jene Gegend Acht geben und jede Veränderung mit einigen Schlägen an
der Glocke anzeigen sollte. Der Kaiser wollte, daß dieses Vieillevilles Wache ihm zu Ehren auf immer heißen sollte. Bei einem großen
Diner, welches der Kaiser gab, sah Vieilleville die Prinzessin Elisabeth, des römischen Königs Maximilians Tochter und Nièce des
Kaisers. Ihm fiel sogleich der Gedanke bei, daß diese schöne Prinzessin der König sein Herr zur Gemahlin wählen solle, und er nahm
es auf seine Gefahr, nach aufgehobener Tafel mit dem Kaiser davon
zu sprechen, dem dieser Antrag sehr gefiel, und den auch der König
von Frankreich mit vielen Freuden, als Vieilleville bei seiner Rück-
kehr nach Frankreich davon sprach, annahm.

Vieilleville war jetzt wieder in Metz angelangt und gedachte einige Tage auszuruhen, als ein Courier vom Hof kam, der ihm Nachricht brachte, daß er nach England als Gesandter würde gehen müssen. Er reiste sogleich nach Paris ab, und hier erhielt er bald seine
Abfertigung, um übers Meer zu gehen. Die Absicht seiner Reise war
hauptsächlich, dem Cardinal von Chatillon entgegen zu arbeiten,
der bei der Königin Elisabeth für die Hugenotten unterhandeln

wollte. Vieilleville wußte es bei der Königin, die im Anfang sehr gegen seinen Auftrag war, so gut einzuleiten, daß, als der Cardinal von Chatillon nach London kam, er zu keiner Audienz bei der Königin vorgelassen wurde. Indessen wurden die Unruhen in Frankreich immer größer, der Prinz von Condé belagerte Paris, er mußte jedoch diese Belagerung bald aufgeben, und bald darauf fiel die Schlacht von Dreux vor, wo der Herzog von Guise den schon siegenden Prinzen völlig aufs Haupt schlug. Der Marschall von St. André hatte die Avantgarde des Königs commandiert, war zu dem Herzog von Guise gestoßen und verfolgte nur mit vierzig oder fünfzig Pferden die Flüchtlinge. St. André stößt auf einen Capitän der leichten Cavallerie, Namens Bobigny, der mit einem Trupp davon floh. Man ruft sich einander an, der Marschall antwortet zuerst und nennt sich. Bobigny fällt über seine Truppen her, macht sie nieder und nimmt den Marschall gefangen. Dieser Capitän war ehedem in des Marschalls Diensten gewesen, hatte aber einen Stallmeister erstochen. St. André ließ ihm den Proceß machen und, da er nach Deutschland ausgewichen war, im Bildniß aufhängen. Jetzt bat der Marschall, ihn nach Kriegsgebrauch zu behandeln und das Vergangene zu vergessen. Indessen entwaffnete Bobigny den Marschall und ließ sich sein Wort geben, bei ihm als Gefangener zu bleiben. So ritten sie fort, als der Prinz von Porcian von der Condéschen Partei kam, diesen Gefangenen sah und ihm die Hand gab. Der Marschall bot sich ihm sogleich als Gefangener an, und der Prinz suchte ihn den Händen Bobignys zu entziehen. Allein dieser setzte sich zur Wehr, und da alles darüber schrie, wie dies ungerecht sei, daß ein Prinz einem Geringern seinen Vortheil rauben wollte, ließ Porcian davon ab. Kaum war Bobigny tausend oder zwölfhundert Schritte vom Prinzen entfernt, so wendete er sich zu dem Marschall mit den Worten: »Du hast mir durch deine schlechte Denkungsart zu erkennen gegeben, wie ich dir nicht trauen kann; du hast dein Wort gebrochen. Du wirst mich ruinieren, wenn du wieder los kommst. Du hast mich im Bild hängen lassen, mein Vermögen eingezogen und es deinen Bedienten gegeben; du hast mein ganzes Haus ruiniert. Die Stunde ist gekommen, wo dich Gottes Urtheil trifft,« und hiemit schoß er dem Marschall eine Kugel vor den Kopf. Die Nachricht vom Tod eines Marschalls von Frankreich trübte in Paris den Sieg der Katholiken ein wenig, besonders war Vieilleville untröstlich darüber. Es wurde ihm sogleich das

Brevet eines Marschalls von Frankreich überbracht, er wies es aber ab. Der Kanzler von Frankreich selbst begab sich zu ihm; mehrere Prinzen baten ihn, die Stelle anzunehmen, er schlug es aus. Er wollte nicht einer Person in ihrer Stelle folgen, die er so über alles geliebt hatte. Der König, entrüstet über dieses Ausschlagen, ging selbst zu Vieilleville; er fand ihn trostlos auf dem Bette liegen und befahl ihm, den Marschallsstab anzunehmen. Vieilleville, gerührt über diese Gnade, konnte sich nicht länger weigern; er fiel seinem König zu Füßen und empfing aus seinen Händen das Brevet.

Einige Zeit nachher wurde Vieilleville nach Rouen geschickt, weil man nicht genug Zutrauen in die Fähigkeiten des dortigen Commandanten, Herrn von Villebon, setzte und doch zu besorgen war, daß der Admiral Coligny auf diese Stadt losgehen möchte. Dieser Villebon war zwar ein Verwandter von Vieilleville; allein er führte sich sehr unfreundschaftlich gegen ihn auf und unterließ bei jeder Gelegenheit, seine Schuldigkeit zu thun. Folgende Gelegenheit gab zu ernsten Auftritten Anlaß.

Man hatte in Rouen eine Magistratsperson, reformierter Religion, entdeckt, die sich heimlich in die Stadt zu schleichen und vergrabenes Geld wegzubringen gewußt hatte. Dieses wurde entdeckt, und der Gouverneur Villebon ließ diesen Mann auf öffentlicher Straße niedermachen und seinen Körper zum allgemeinen Aergerniß mißhandelt da liegen. Niemand traute sich, ihn, als einen Ketzer, anzurühren. Vieilleville erfuhr dieses, war sehr darüber aufgebracht und befahl sogleich, ihn zur Erde zu bestatten. Das Geld, welches Boisgyraud bei sich gehabt hatte, war bei dem Gouverneur verschwunden; Villebon, dem nicht wohl zu Muthe war, schickte eine seiner Kreaturen, einen Parlamentsrath, zu dem Marschall, um zu erforschen, was Vieilleville wohl wegen des Geldes im Sinn hätte. Kaum war dieser aber vor den Marschall gekommen, als er ihn so hart anließ, daß er vor Bosheit weinte, und als er sich auf seine Parlamentsstelle berief, wollte ihn Vieilleville sogar zum Fenster hinaus werfen lassen. Dieser Rath ging darauf zu Villebon und sagte ihm, daß der Marschall von ihm gesagt habe, wie er unwürdig wäre, Commandant der Stadt zu sein. Villebon, aufgebracht über diese falsche Nachricht, ging fünf oder sechs Tage nicht zu Vieilleville. Sie sehen sich endlich in der Kirche, grüßen einander, und der Marschall nimmt ihn zum Essen mit nach Hause. Nach Tische fängt

Villebon von der Sache an; der Marschall saß noch und bat ihn, die Sache ruhen zu lassen. Villebon aber wird hitzig, sagt, daß alle Die, welche behauptet, er sei seiner Stelle unwürdig, in ihren Hals hineingelogen. Der Marschall springt darüber auf und gibt ihm einen Stoß, daß er ohne den Tisch zur Erde gestürzt wäre. Villebon zieht den Degen, der Marschall den seinigen. In dem Augenblick fliegt die Hand von Villebon und ein Stück des Arms zu Boden. Alles war erstaunt; Villebon fiel zur Erde nieder, man brachte ihn fort. Vieilleville erlaubte nicht, daß man die Hand fort trug.»Hier soll sie liegen bleiben, denn sie hat mir in den Bart gegriffen.«

Indessen verbreitete sich das Gerücht, der Gouverneur sei so zurichtet worden, weil er ein Feind der Hugenotten sei; das Volk läuft zu den Waffen und belagerte den Ort, wo Vieilleville wohnte. Dieser hatte aber schon vorläufig Anstalten getroffen. Alle, die hereinbrechen wollten, wurden gut empfangen und ihrer viele getödtet. Und da endlich auch ein großer Theil der Soldaten in Rouen auf die Seite des Marschalls trat und zur Hilfe herbeimarschierte, zerstreute sich bald alles, obgleich noch viele Versuche gemacht wurden, die Belagerung aufs neue anzufangen. Nach und nach kam die Cavallerie an, die vor Rouen auf den Dörfern lag, und so wurde alles ruhig. Jedermann fürchtete sich jetzt vor dem Zorn und der Rache des Marschalls. Er verzieh aber Allen und stellte die Ruhe vollkommen wieder her.

Der König erhielt Nachricht, daß die deutschen Fürsten auf Metz losgehen wollten, und beorderte daher den Marschall, sich in sein Gouvernement zu begeben. Als er dahin kam, fand er diese Nachricht auch wirklich in so weit bestätigt, daß die Fürsten, als sie gehört, Vieilleville sei in der Unruhe von Rouen getödtet worden, beschlossen, vierzigtausend zu Fuß und zwanzigtausend Reiter aufzubringen und die Städte Toul, Verdun und Metz, die unter Karl V. vom Reich abgerissen worden, wieder zu erobern. Dieser Plan sei aber aufgegeben worden, als sie gehört, daß Vieilleville noch am Leben sei und in sein Gouvernement zurückkehren werde.

Vieilleville fand sich einige Zeit nachher auf Befehl des Königs bei der Belagerung von Havre de Grace ein, die der alte Connetable von Montmorency commandierte, und auch hier, ob er gleich von der Familie Montmorency mit neidischen Augen angesehen wurde, leistete er so gute Dienste, daß diese Stadt in etlichen Wochen überging. Bei den neuen unruhigen Projekten, die der Connetable schmiedete, und die des Königs Gegenwart in Paris erforderten, um sie zu dämpfen, betrug Vieilleville sich mit so viel Muth, Standhaftigkeit und Klugheit, daß ihn der König nicht mehr von sich lassen wollte, ja sogar ihm, als der Connetable in der Schlacht von St. Denis gegen den Prinzen von Condé geblieben war, diese hohe Stelle übertrug; dieses geschah im großen Rath. Vieilleville stand von seinem Stuhl auf, ließ sich auf ein Knie vor dem König nieder und – schlug diese Gnade auf eine so uneigennützige, kluge und feine Art aus, so daß er alle Herzen gewann. Kurz darauf wurde Vieilleville, nachdem er St. Jean d'Angely, welches ein Capitän vom Prinzen Condé sehr tapfer vertheidigt, eingenommen und wobei der Gouverneur von Bretagne geblieben war, mit diesem Gouvernement belehnt, eine Stelle, die ihm sehr viel Freude machte, da er zugleich die Erlaubniß erhielt, den einen seiner Schwiegersöhne, d'Espinay, zu seinem Generallieutenant in Bretagne, und den andern, Duilly, als Gouverneur von Metz zu ernennen. Kaum war alles Dieses vor sich gegangen und der König zurückgekehrt, als der Herzog von Montpensier mit großem Ungestüm als Prinz von Geblüt das Gouvernement von Bretagne forderte. Der König schlug es ihm ab, der Herzog forderte noch ungestümer und weinte endlich sogar, welches ihm als einem Mann von Stande von vierzig bis fünfzig Jahren gar wunderlich stand. Der König weiß sich nicht mehr zu helfen und schickt an Vieilleville eine vertraute Person ab, die Sache vorzulegen, wie sie ist. Vieilleville war sogleich geneigt, seine Stelle in die Hände des Königs niederzulegen. »Es ist mir nur leid,« sagte er bloß, »daß ein so tapferer Prinz sich der Waffen eines Weibes bedient hat, um zu seinem Zweck zu gelangen und mir mein Glück zu rauben.« Zugleich schickte ihm der König zehntausend Thaler als Geschenk, die er aber durchaus nicht annehmen wollte, und als ihm endlich ein Billet des Königs vorgezeigt wurde, worin ihm mit Ungnade gedroht wurde, wenn er es nicht thun wollte, theilte er die Summe unter seine beiden Schwiegersöhne, die auch ihre Hoffnungen verloren.

Der beste Staatsdienst, den Vieilleville seinem König leistete, war bei Gelegenheit einer Gesandtschaft an die Schweizer Kantons, mit welchen er ein Bündniß schloß, das vorteilhafter war, als alle vorhergehenden. In seinem Schloß Durestal, wo er sich in den letzten Zeiten seines Lebens aufhielt, besuchte ihn oft Karl IX., der einmal einen ganzen Monat da blieb und sich mit der Jagd bei ihm belustigte. Dieses Verhältniß mit dem König und die ausgezeichnete Gnade, deren er genoß, erregten ihm Feinde und Neider.

Er bekam eines Tages Gift, und dieses wirkte so heftig, daß er in zwölf Stunden todt war. Der König mit seiner Mutter war eben in Vieillevilles Schloß und sehr betreten über diesen Todesfall.

So starb den letzten November 1571 ein Mann, der ein wahrer Vater des Volks, eine Stütze der Gerechtigkeit und Gesetzgeber in der Kriegskunst war. Nach ihm brachen Unruhen jeder Art erst aus. Den Ruhestörern war er durch seinen Muth, durch seine Klugheit und seine Gerechtigkeitsliebe und durch sein Ansehen in dem Weg gestanden; darum brachten sie ihn aus der Welt.

Über tredition

Eigenes Buch veröffentlichen

tredition wurde 2006 in Hamburg gegründet und hat seither mehrere tausend Buchtitel veröffentlicht. Autoren veröffentlichen in wenigen leichten Schritten gedruckte Bücher, e-Books und audio-Books. tredition hat das Ziel, die beste und fairste Veröffentlichungsmöglichkeit für Autoren zu bieten.

tredition wurde mit der Erkenntnis gegründet, dass nur etwa jedes 200. bei Verlagen eingereichte Manuskript veröffentlicht wird. Dabei hat jedes Buch seinen Markt, also seine Leser. tredition sorgt dafür, dass für jedes Buch die Leserschaft auch erreicht wird.

Im einzigartigen Literatur-Netzwerk von tredition bieten zahlreiche Literatur-Partner (das sind Lektoren, Übersetzer, Hörbuchsprecher und Illustratoren) ihre Dienstleistung an, um Manuskripte zu verbessern oder die Vielfalt zu erhöhen. Autoren vereinbaren direkt mit den Literatur-Partnern die Konditionen ihrer Zusammenarbeit und partizipieren gemeinsam am Erfolg des Buches.

Das gesamte Verlagsprogramm von tredition ist bei allen stationären Buchhandlungen und Online-Buchhändlern wie z. B. Amazon erhältlich. e-Books stehen bei den führenden Online-Portalen (z. B. iBookstore von Apple oder Kindle von Amazon) zum Verkauf.

Einfach leicht ein Buch veröffentlichen: **www.tredition.de**

Eigene Buchreihe oder eigenen Verlag gründen

Seit 2009 bietet tredition sein Verlagskonzept auch als sogenanntes "White-Label" an. Das bedeutet, dass andere Unternehmen, Institutionen und Personen risikofrei und unkompliziert selbst zum Herausgeber von Büchern und Buchreihen unter eigener Marke werden können. tredition übernimmt dabei das komplette Herstellungs- und Distributionsrisiko.

Zahlreiche Zeitschriften-, Zeitungs- und Buchverlage, Universitäten, Forschungseinrichtungen u.v.m. nutzen diese Dienstleistung von tredition, um unter eigener Marke ohne Risiko Bücher zu verlegen.

Alle Informationen im Internet: **www.tredition.de/fuer-verlage**

tredition wurde mit mehreren Innovationspreisen ausgezeichnet, u. a. mit dem Webfuture Award und dem Innovationspreis der Buch Digitale.

tredition ist Mitglied im Börsenverein des Deutschen Buchhandels.

Dieses Werk elektronisch lesen

Dieses Werk ist Teil der Gutenberg-DE Edition DVD. Diese enthält das komplette Archiv des Projekt Gutenberg-DE. Die DVD ist im Internet erhältlich auf **http://gutenbergshop.abc.de**

FSC
www.fsc.org
MIX
Papier | Fördert
gute Waldnutzung
FSC® C083411

Zeitfracht Medien GmbH
Ferdinand-Jühlke-Straße 7
99095 Erfurt, Deutschland
produktsicherheit@kolibri360.de